BESTE ZEIT – DAS BUCH ZUM FILM

Marcus H. Rosenmüller, Jahrgang 1973, studierte an der Hochschule für Fernsehen und Film in München. Seinen Diplomfilm »Hotel Deepa« drehte er dank eines Stipendiums des DAAD in Indien. Schon während seines Studiums erhielt er Preise und Auszeichnungen für seine Kurzfilme »Nur Schreiner machen Frauen glücklich«, »Kümmel und Korn« und »C'est la vie«. Neben Fernsehdokumentationen für den Bayrischen Rundfunk hatte er das Glück mehrere Kinofilme drehen zu können, und machte mit »Wer früher stirbt ist länger tot«, »Räuber Kneißl«, »Schwere Jungs«, »Beste Zeit« und »Beste Gegend« den Heimatfilm wieder zu einem bei Filmkritikern und Publikum gleichermaßen beliebten Genre. Sein erster großer Kinoerfolg »Wer früher stirbt ist länger tot« wurde mit dem Deutschen Filmpreis 2007, dem Bayrischen Filmpreis 2007, dem New Face Award 2007 sowie dem Förderpreis Deutscher Film 2006 ausgezeichnet. Zuletzt war von ihm 2009 »Die Perlmutterfarbe« im Kino zu sehen.

Er liebt Dampfnudeln und Kartoffelsuppe, aber nicht Dampfnudeln mit Kartoffelsuppe.

Karin Michalke wurde 1976 in Altomünster, im Landkreis Dachau geboren. Nach dem Abitur machte sie zunächst eine Lehre zur Verlagskauffrau bevor sie 1998 ein Studium an der Hochschule für Fernsehen und Film in München begann. Nach dem erfolgreichen Abschluss folgte ein Jahr bei der Drehbuchwerkstatt München. Sie schrieb Drehbücher zur Trilogie »Beste Zeit«, »Beste Gegend« und »Beste Chance«, sowie dem Film »Räuber Kneißl«. 2009 veröffentlichte sie ihren ersten Roman »Rosa macht blau«.

BESTE ZEIT

»AN TSCHIK UND A BIER«

Weitere Informationen über den Verlag und sein Programm
unter: www.allitera.de

Das Drehbuch zum gleichnamigen Film wurde produziert von
Monaco Film GmbH für den Bayerischen Rundfunk.

Allitera Verlag
Ein Verlag der Buch&media GmbH, München
© 2009 Buch&media GmbH, München
Fotos und Drehbuch: in Lizenz der BRW-Service GmbH
Druck: Books on Demand GmbH, Norderstedt
Printed in Germany
ISBN 978-3-86906-059-0

INHALT

PERSONEN

Kati	Anna Maria Sturm
Jo	Rosalie Thomass
Rocky	Ferdinand Schmidt-Modrow
Mike Kronen	Florian Brückner
Lou	Lukas Turtur
Hatsch	Tommy Schwimmer
Priglmeier Toni	Volker Bruch
Elvis	Roland Schreglmann
Luke	Stefan Murr
Bill	Martin Wenzl
Katis Vater	Andreas Giebel
Katis Opa	Peter Mitterrutzner
Katis Mama	Johanna Bittenbinder
Luis (Katis Bruder)	Xaver Riepertinger
Theo	Stefan Betz
Elfi	Luise Kinseher
Jos Mama	Bettina Redlich
Jos Opa	Bernhard Butz
u.v.a.	

TEAM

Regie	Marcus H. Rosenmüller
Produzent	Nils Dünker, Monaco Film
Kamera	Helmut Pirnat
Herstellungsleitung	Uwe Wriedt
Produktionsleitung	Thomas Blieninger
Aufnahmeleitung	Peter Dörfler
Casting	Franziska Aigner-Kuhn
Komponist	Gerd Baumann
u.v.a.	

BESTE ZEIT VON KARIN MICHALKE

0. EXT. HAUS KATI – NACHT

Titelsequenz:
Eine helle Nacht im September 1993. Erdige Musik. Das große Haus ist noch dunkel. Lautlos klettert Kati am Balkon herunter.

KATI (im Greenpeace-T-Shirt mit der Aufschrift *Save The?*) schleicht auf leisen Sohlen über den Hof.

Im Stall steht ein verrosteter *VW-Bus* (Baujahr '81) mit der Aufschrift *KROPPOLD Bau KG.*

Aus der Hosentasche ihrer recht derfetzten Jeans zieht Kati einen Autoschlüssel. Das Klimpern ist viel zu laut. Der Bus rollt lautlos die zum Teil frisch aufgeschüttete Auffahrt hinunter. Die Reifen knirschen im tiefen Kies.

1. EXT. MILLIBANKERL / FELDWEG – MORGENDÄMMERUNG

Der Bus kommt an eine Bushaltestelle und Jo steigt ein. Alles an ihr ist bunt. Die Schlaghose, das Blümchenhemd, das Haarband.

Ein silberner Streifen dämmert über den Hügeln des Dachauer Hinderlandes. Der Mond steht noch weiß über dem Kirchturm von Tandern.

Der VW-Bus fährt auf einer Kuppe entlang, dann ins Tal, und wieder hinauf, über den Feldweg zum Daumiller Berg.

JO (Off): Es is' Sommer mitten im Winter. Alles wird irgendwie anders und trotzdem wird's hoffentlich immer gleich bleiben.

Kati gibt wieder Gas. Der Fahrtwind bläst wild durch ihre Frisur. Der Tacho zeigt 65.

KATI (Off): I bin immer no im Dritten!

JO (Off): Was sagt uns des?

KATI (Off): Zeit werd's für'n Vierten!

Kati reißt den Ganghebel in den vierten Gang. Es ruckelt unsanft, das Getriebe schickt einen schönen Gruß.

1A. EXT. DAUMILLER BERG / MILLIBANKERL – MORGENDÄMMERUNG

Zeitsprung:

Der Bus steht am Daumiller Berg.

KATI: I kann't mi' morgen friah hinleg'n und sterb'n!

JO: Hast du an Vogel!

KATI: Leben – Liebe – Tod. Mehr gibt's ned.

JO (wie aus der Pistole geschossen): Fernweh und Freiheit.

KATI: Soll i dir mal sagen, was Liebe is? Ha? Soll i's dir sag'n? Liebe is', wenn's größer is als Freiheit.

JO: Na so a Schmarrn! –

KATI: Wennst lieber mit oam zamm bist, als wia dass du frei bist. Des kann doch bloß Liebe sein!

Auf der Kassette kommt ein neues Lied.

JO: Ja, des stimmt, oder du hast an Schiss! Jetzta hör da des o! Is des geil

KATI: Hm.

Beide schauen konsterniert verträumt nach vorne. Kati kreist nervös um das Thema *Liebe und Mike*. Und wie sie Jo mitteilt, dass sie eventuell ernsthaft verliebt ist. Der erste Sonnenstrahl trifft Kati im Gesicht.

KATI: Heut kommt der Mike heim.

JO: Hast an Schiss?

KATI (ruhig): Ach Schmarrn! Ha. Komm, pack mas!

Der VW-Bus fährt durch Tau und Nebelfetzen den Feldweg zurück auf Tandern zu.

1B. EXT. HAUS KATI – MORGENDÄMMERUNG

Kati fährt in den Hof, direkt in den Stall. Sie schließt das Scheunentor, läuft durch die Hennen über den Hof der mit Baumaterial gesäumt ist und klettert außen zum Balkon hoch. Im Vordergrund quert ein Hahn, von links nach rechts.

2. EXT. HOF – NACHMITTAG

Auf Katis Stall-T-Shirt steht *Make Love, not War*. Kati rennt hinunter zum Pferdestall. Ihr Vater hält den Hinterhuf des Pferdes. Katis Opa feilt mit kräftigen Strichen das Horn ab.
   OPA KATI: Oiso guad.
   KATI: Hi! I mach jetzt weiter, gell!
Der Opa grinst Kati an, dann legt er die Feile weg.
   OPA KATI: So. Ab.
Katis Vater stellt den Huf wieder auf den Boden, reibt sich den Rücken und tätschelt die gewaltige Hinterbacke des Pferdes. Kati zappelt herum.
   Oben fährt ein roter Golf vor die Haustür. Heraus steigt MIKE KRONEN, ein 19-jähriger blonder Bursch. Er klingelt.
   VATER KATI: Was wui jetzt der Hemadlenz da scho wieder?
Kati verrenkt sich den Hals, um zu sehen, wer da ist. Katis Vater reißt mit schmerzverzerrtem Gesicht den nächsten Hinterhuf hoch. Das Pferd tippelt nervös herum.
   KATI: Oh, da Mike.
   OPA KATI: Komm, nimm du den Vorderen. Geh weita!
Der Opa haut mit kräftigen Schlägen die Nägel durch die Eisen. Er zwinkert Kati zu. Kati streichelt beruhigend das Pferd. Nervös schielt sie zu dem roten Golf hinauf.
   Mike kommt langsam zum Stall herunter. Er trägt noch seine Bundeswehr-Uniform.
   MIKE (zögernd): Grüß Gott.

VATER KATI: Griaß di.

Katis Papa stellt den Huf ab und verschwindet in der Lastwagengarage. Der Opa hebt nicht einmal den Blick. In aller Ruhe nimmt er seinen Gummihammer aus der Hüfttasche.

MIKE: Servus.

KATI: Hi. Was machst'n du da?

Kati hebt für den Opa den vorderen Huf auf. Sie hätte gerne ihr T-Shirt zurecht gezupft oder die Haare geglättet.

MIKE: Ja telefonisch bist du ja nicht zu erreichen.

KATI: Ach so … Tut mir leid.

Mike steht am Zaun und schaut zu, wie der Opa mit Holzhammer und Hufmesser arbeitet. Kati muss sich gegen das Gewicht des Pferdes stemmen, um den Huf stabil zu halten.

KATI: Wie geht's dir?

Mike: Ganz Gut.

Im Hintergrund lässt Katis Vater den Lastwagen aus der Garage rollen. Unter der schweren Plane flackt ein Haufen Kies auf der Ladefläche. Der Papa schmeißt eine Schaufel und einen Rechen rauf.

OPA KATI: So. Ab.

Kati lässt den Huf los. Der Opa geht zur Futterkammer. Er holt ein glühendes Hufeisen aus dem Gasofen, schlägt mit dem Hammer drauf und schiebt es wieder in den Ofen.

Kati bleibt derweil innerhalb des Zaunes bei ihrem Pferd stehen. Mike außerhalb.

KATI: Wie war's in der Kasern'?

MIKE: Beschissen – wie immer. I hab dich vermisst, Baby.

Mike beugt sich über den Zaun und will ihr einen Kuss geben. Kati allerdings erwartet nur ein Bussi auf die Backe, und so landet der Schmatz schief auf ihrem Mundwinkel.

KATI: Tschuldigung.

Kati zupft an ihrem *Make Love, not War*-T-Shirt. Kati ist furchtbar nervös. Sie versucht, den *Make Love-* Schriftzug zu verstecken. Mike schaut verwirrt genau da hin.

KATI: Was machst'n du heute noch?

MIKE: Heut Mittag wird zum essen heim fahren. So um eins bin i dahoam, hab' ich zur Mama gesagt.

KATI: Aber eins is' ja gleich.

MIKE: Eben.

Kati späht zu ihrem Opa. Was macht der denn so lang mit seinem Hufeisen? Kommt er jetzt zurück oder nicht?

Im Hintergrund startet Katis Vater den Lastwagen. Aus dem Auspuff qualmt es ungesund. Im Motor scheuert's grausig.

MIKE: Heut Nachmittag ist Fußball.

KATI: Ah. Gegen wen spielts'n?

MIKE: Inchenhofen. Des wird hart.

Katis Finger schrubben und kraulen den Pferdekopf, als wäre das Pferd der rettende Fels in der Brandung. Das Pferd fängt an, in Katis Haaren zu knabbern.

KATI (zum Pferd): Geh, nicht schmusen jetz'.

(zu Mike) Ja, das dauert dann länger, oder wie?

Katis Papa lässt den Lastwagen bloß bis zur Hofeinfahrt rollen. Dort kippt er einen Haufen Kies auf den Boden.

MIKE (zeigt auf das Pferd): Na, du bist ja jetzt da eh noch nicht fertig, oder?

Das Pferd streckt Mike die Nase entgegen und Mike weicht sofort zurück. Misstrauisch beäugt er das Tier, das so viel Aufmerksamkeit beansprucht.

Der Opa kommt derweil mit dem fertigen Eisen zurück.

OPA KATI: Kati, auf geht's!

Kati hebt den Huf auf. Der Opa drückt das heiße Eisen auf den Huf. Es zischt, wenn der Huf angesengt wird. Stinkender Qualm steigt Kati in die Augen.

KATI (zu Mike): Äh, t'schuldigung. Hast du grad was g'sagt?

Der Opa nimmt das Eisen und taucht es in einen Kübel Wasser. Es zischt und dampft.

Katis Papa rennt zum VW-Bus zurück und reißt die Motorsäge

heraus. Misstrauische Blicke wirft er Mike im Vorbeigehen zu. Gleichzeitig wirft er die Motorsäge an.

MIKE: Naa du, ich muss jetzt dann eh weiter. Dann sehn wir uns morgen im M1, oder?

KATI: M1? Ja, freilig, klar … Äh ich weiß bloß noch nicht wie ich da rauf komm.

Der Opa hält das Hufeisen an den Huf und schlägt die Nägel durch. Kati hält den Huf so fest und ruhig sie kann.

MIKE: Ja also mir werden um 11 rum nauf fahr'n. Dann seh' ma uns ja nacha. Hoffentlich. Vielleicht. Servus.

KATI: Ciao.

Der Opa zieht die Stirn in Falten, als Katis Papa über Kopf einen Ast absägt, der über die Einfahrt hängt.

Der Huf wird Kati langsam zu schwer. Der Opa legt deshalb den Huf auf seinem Knie ab, während er noch die überstehenden Nägel abzwickt.

Kati stellt das Pferdebein ab und streckt sich.

OPA KATI: Pfiade.

Mad'l, wenn des oaner is, dann holt er dich.

Verlegen grinst Kati in den Boden. Ihre Wangen werden ganz rot. Kati bindet das Pferd los.

Der Opa sammelt kopfschüttelnd sein Zeug vom Boden auf.

Mit dem schweren Hammer zeigt der Opa an die Stelle, wo Mike gestanden ist.

Mike stakst zurück zu seinem Auto und fährt mit quietschenden Reifen über den Hof.

VATER KATI: Ja, geht's no?!

Kati schaut Mikes Auto nach. Der Opa trägt sein Werkzeug in die Werkstatt.

Mit einem wilden Pfiff schickt Kati das Pferd zurück auf die Koppel. Im Galopp prescht es um die Wiese. Kati stellt sich auf den Zaun und schaut zu.

3. EXT. WIESE / SPORTPLATZ – TAG

Die Bewegung des Hahnes wird aufgegriffen. Von links kommt der LUGGE mit Latten über der Schulter ins Bild und führt uns zu einem Haufen junger Burschen, alles, was der FC Tandern an hammerschwingenden Armen und balkenschleppenden Schultern aufbringen kann, wuselt herum: Der LOU, der HATSCH, der ELVIS, die gerade dabei sind ein Bierzelt aufzustellen.

ELVIS: Ziag halt ned so o, hey.

HATSCH: Ziag's halt du ned so durch an Dreck!

ROCKY steuert seine Gileria (Mofa) die Straße zum Sportplatz entlang. Jo hängt hinter ihm auf dem Sitz, hinter ihr sitzt die Kati. Rocky schwenkt das Mofa zur Wiese neben dem Fußballplatz hinauf.

TONI PRIGLMEIER kraxelt auf eine Leiter und spaxt die große Plastik-Plane mit der Aufschrift *100 Jahre FC Tandern* an die Fahnenmasten. Wie durch ein Eingangstor steuert Rocky das Mofa samt Jo und Kati aufm Radl unten durch.

ROCKY: Achtung! Hey Toni! Hang loose, Oida!

TONI: Hey Rocky! Zehne war aus'gmacht! Jetzt san ma a schon fast fertig.

ROCKY: Ja i hab' die Mädels noch abholn müssen, woasst.

Toni hebt seinen Zeigefinger zum Gruß. Der Toni ist ein Muskelpaket. Er wird nervös, wenn er Jo sieht. Trotz der harten Rocker-Schale, die er aus den 80ern mitgenommen hat. Obwohl er 4 Jahre älter ist als Jo.

BILL, der mit 23 noch Pickel im Gesicht hat, beeilt sich mit der Plane. Bill ist irgendwie immer der Depp, aber ein freundlicher eifriger Kerl.

In dem Moment rumpelt Rocky mit der Gileria in ein Schlagloch. Kati quiekt vor Schreck wie ein Ferkel. Wie peinlich. Lugge dreht sich verwundert zu ihr um!

Die Stelle an Katis Nacken, die Lugges Blick trifft, brennt lichterloh. Katis Gesicht ist eine pinke Leuchtreklame. Sie will sich hinter der Jo verstecken. Rocky macht die Sache nicht besser.

    LUGGE: Ja, ja. Jetzt warn d'Madln wieder Schuld. Lasst's euch von dem ja nix einred'n, gell!
    ROCKY: Salve, Lugge!

Lugge hört nicht gleich, weil er die Ladeklappen am Lastwagen auf macht.

    Ein bisschen heiser ist seine Stimme. Rocky marschiert wichtig auf ihn zu und hilft ihm, die Bretter vom Lastwagen zu ziehen. Kati starrt wie ein hypnotisiertes Schaf halb auf Lugge, halb in die unbestimmte Ferne.

4. EXT. HOF / WIESE – ABEND

Kati liegt auf der Wiese und raucht. Jo hockt neben ihr und studiert die Beschreibung für die Kaltwachs-Enthaarungs-Streifen, die sie vor sich ausgebreitet hat.

    JO: Also mir dat der Lugge ja besser gefallen als wie der Mike.
    KATI: Mmh.
    JO: Aber is ja wurscht. Bist eh in Amerika. Is der Brief eigentlich scho da?
    KATI: Naa.
    JO: Wann sag'n die Bescheid?
    KATI: Keine Ahnung. Bevor d'Schui wieder o'geht.

Kati rollt sich auf den Bauch. Doch sie findet keine bequeme Position.

    KATI (zornig): Ich lass mi' doch noch absaugen, das sag ich dir.
    JO: Ich seh' nix, was weg muss.

Kati klopft auf ihren Bauch und auf ihre Hüften.

    KATI: Schau dir des amoi o! Glump!
    JO: Des san halt Hüften. Die hat ma halt.

Kati zerrt an ihrer Jeans herum, was der durchgewetzte Stoff mit einem leisen *ratsch* quittiert, zieht den Gürtel raus und schleudert ihn auf die Pferdewiese hinunter.

KATI: Ich komm' mir vor wie a Brauereigaul! Da kann i mi glei mit nunter stellen zum Grasen!

JO: Ja, *des* machst.

Kati rupft ein Büschel Gras aus der Dachrinne und beißt hinein.

JO: Aber jetzt gehst erst a Mal her. So.

Jo legt die Beschreibung für die Kaltwachsstreifen weg und zieht Katis Kopf auf ihre Knie. Mit spitzen Fingern fährt sie über Katis Oberlippe und Wangen.

JO: Dem Mike wird's schon gefallen.

Jo klebt einen blauen Wachsstreifen unter Katis Nase.

KATI: Was g'foid eam?

JO: Feminine Formen.

Jo rupft den Streifen mit einem Ruck weg.

KATI: Au!! Leck mich am Arsch!!

Kati schießt förmlich hoch. Jo drückt ihren Kopf wieder runter und klebt den zweiten Streifen fest.

JO: *Du* wolltst das! – Was sagt er na eigentlich, wenns 't du so lang weg fährst?

Zwei Flugzeuge ziehen zwei weiße Striche in das tiefe Blau des Himmels.

KATI: Noch bin i ja ned weg. Und i woass aa no gar ned ob ich überhaupts.

Jo rückt energisch Katis Kopf zurecht.

JO: Wega'm *Mike* wirst ned da bleiben, gell!

Ratsch – reißt Jo den zweiten Streifen Wachs ab.

KATI: Ahh! Aber wenn's die große Liebe is?

JO: Dann muss halt a Jahr aushalten können! Außerdem gibt 's die große Liebe sowieso nur bei Harold and Mode und Stan und Olli!

MAMA KATI (schreit von unten): Kaaaa-tiii!

KATI: Jaaa-haaa!

Hektisch räumt Kati die Zigaretten weg und wedelt den Rauch aus der Luft.

MAMA KATI: Ja fahr'st jetz' mit zur Tante Anni?

KATI: N-nn-aaaaa! Muass i?

MAMA KATI: Eigentlich scho, zum 65.

Kati krabbelt vor und späht hinunter. Die Mama und Katis kleiner Bruder LUIS (6 Jahre) stehen schön angezogen und mit Kuchen in der Hand im Hof.

KATI: Naa i mog ned, Mama. I pack's ned.

MAMA KATI: Des sogst ihr aber dann selber, wenn's morgen kommt, zu *deinem* Geburtstag!

VATER KATI: Lang bleibn wir fei ned!

LUIS: Und Kati, rauchen is ung'sund!

Die Mama nimmt Luis an der Hand, setzt ihn ins Auto und fährt zum Hof hinaus.

Kati kriecht zurück. Die Mädels tauschen einen Blick. – *Den* Blick.

Wortlos fischt Kati aus dem Vogelhäus'l einen Autoschlüssel. Katis ehemaliger Oberlippen-Bart ist jetzt rot geschwollen. Jo sagt erst mal nichts dazu.

5. EXT. HOF – TAG

Geduckt huscht Kati auf den VW-Bus zu. Lautlos öffnet sie die Fahrertür und taucht hinters Steuer. Jo verfährt genauso auf der Beifahrerseite. Kati startet den Motor.

Theo wäscht sein Auto.

KATI: Der Theo! Obe!! Hat er uns gesehn?

JO: Ich glaub ned!

Glasig schaut Theo dem Geister-Bus hinterher. Bis er begreift was los ist, gibt der Bus schon Gas. Doch da sitzt Kati schon wieder lässig am Steuer und lenkt den Bus auf den Feldweg.

6. EXT. FELDWEG – TAG

Die Mädels kurbeln im Fahren die Fenster runter.

KATI: Ja, aber ich find des wird scho besser.

JO: Jaa, viel besser! Grad, dass wir noch auffi kemma! Katii! Nimm halt die Kurven ned immer gar so eng!

KATI: Passt doch.

Die Vorderreifen des VW-Bus schrammen knapp am Graben. Gerade noch reißt Kati das Auto zurück auf den Weg.

Die große Werkzeugkiste im Fond scheppert und rutscht gegen die Seitenwand. Dabei wird die Motorsäge umgeschubst.

JO: Passt doch … Des war fei ganz schön knapp!

KATI: Reg di halt amoi wieder ab.

Betont locker lenken Katis zittrige Hände den Bus. Ihre Augen glänzen. Der Bus wird langsamer, bleibt dann am höchsten Punkt der Hügelkette stehen.

7. EXT. DAUMILLER BERG – ABENDDÄMMERUNG

Abendrot. Die Mädels haben die Fenster ganz nach unten gekurbelt. Sie nehmen ihre Daumiller-Berg-Haltung ein: Füße auf das Armaturenbrett, Blick zum aufgehenden Vollmond.

Kati schießt mit einem Meterstab den Kronkorken von einer Bierflasche, so dass sie aus dem Fenster fliegt.

Beide rauchen. Ein Blick über die Hügel. Mehr Herbst als Sommer.

KATI: Scheiße, gell?

JO: Was'n?

KATI: Da g'wöhnts dich an ' Sommer – dann werd's Winter.

Die Mädels stoßen an.

JO: Auf Fahrtwind und Freiheit.

KATI: Sehnsucht und Liebe.

JO: A Tschik und a Bier.

KATI: Und den Vollmond als Wegweiser.
JO: Ja genau. Prost!

8. EXT. DAUMILLER BERG – NACHT

Zeitsprung:
JO: Boah, Zeit?
KATI: Fünf vor. Zeit ohne Ende.
Auf der Kassette kommt ein Lieblingslied – eine legendäre Nummer. John Ferdinand Woodstock.
JO: Des ist doch super! Ist das geil, oder?
Jo singt zur Musik mit und trommelt auf das Armaturenbrett.
Dann wird es Mitternacht. Der Mond scheint weiß. Ergreifend. Die Glocken der Dorfkirche läuten. Im Kofferraum tropft die Motorsäge.
JO (singt): Ois Guade zum Geburtstag! Geh her!
KATI: Oh mei, jetz geht's dahie'.
JO: Ahh, ich wünsch dir die Beste Zeit deines Lebens. 1000 Chancen jeden Tag und 1000 Träume und dass ois in Erfüllung geht.
KATI (tiefer Seufzer): Meine Hippe! Danke.
JO: Jetzt wartst. Da.
Jo reicht Kati ein Silberpapier-Päckchen. Kati packt es aus. Eine Halskette mit 17 bunten Holzperlen, jede davon unterschiedlich bemalt. Kati zählt sie.
KATI: Siebzehn. Für jedes Jahr eine.
JO: Mmh.
KATI: Und nächst ' Jahr da kommt wieder oane dazu, gell?
JO: Freilig.
KATI: S' ganze Leben?
JO: S' ganze Leben. Auf dich!
JO: Auf dich!
Jo nickt. Die Mädels sind sprachlos vor Rührung. Sie umarmen sich, atmen tief durch, dann stoßen sie an.

KATI: Weißt' was?

JO: Hm?

KATI: I muss pieseln.

Synchron steigen die Mädels aus dem Bus und jede hockt sich neben den jeweiligen Vorderreifen. Die weichen Stoßdämpfer des VW-Bus federn, und jetzt gluckert das Benzin aus der Motorsäge. Rinnt durch den Rostspalt in der Tür.

JO: Ahh.

KATI: He woasst wos?

JO: Mmh.

KATI (mit Blick zum Mond, von Herzen): Wenn alle den Verstand verlieren, wenn alles z'am bricht – und das Leben seine Wege geht … egal, wo's uns hin treibt – unsere Straßen wer'n sich immer kreuzen! Da bin ich mir sicher!

JO: Ja.

Bedeutungsvoll blicken die Mädels zum Himmel. Der Mond macht sich seine Gedanken dazu und schaut auf sie herunter. Die Lichter eines Flugzeugs blinken. Kati zeigt nach oben.

KATI: Hat schon was, so a Einflugschneise.

Kati schickt einen Indianer-Gruß zum Flieger hoch. Am Boden schlängelt sich das Benzin unter dem Bus heraus und zwischen den Mädels durch wie eine schillernde Schlange.

Mit einem kurzen Blick vergleicht Kati Jos ewig lange Pinkelspur mit ihrer eigenen. Synchron ziehen die Mädels die Hosen wieder hoch und steigen wieder ins Auto.

JO: Was stinkt'n da a so?

KATI: Wo?

JO: Des is Benzin.

Kati schaut sich um.

KATI: Oh leck. D 'Motorsäg hat 's umg 'haut.

JO: Ahh …

Kati macht die Seitentür des VW-Bus auf. Die Motorsäge liegt kopfüber in einer Benzin-Pfütze auf der Gummimatte.

Kati hebt die Säge hoch.

KATI: Schöne Bescherung.

Kati versucht, die Benzinpfütze mit Gras aufzuwischen. Mit der brennenden Zigarette im Mund hebt sie die Motorsäge hoch.

Jo findet in Katis Zigarettenschachtel ein Foto von Mike aus dem Jahresbericht des Gymnasiums Aichach.

JO (zu sich): Da Mike. Ja, ja. Die Liebe, gell?

KATI: Ha?

JO (missbilligend): Ja, ja, die Liiiebe hab i gsagt!! Is er der Richtige?

KATI: Eigentlich – war da ned wirklich ...

JO: Aha. – Aber Handerl halten scho, gell!

KATI: Ja.

JO: Und Küssen?

KATI: Ja-ha.

JO: Und habts jetz a scho?

KATI: Nnnnaaaaa! Naa, echt ned.

Der Griff der Motorsäge schnackelt auf, das restliche Benzin schwappt mit einem Schwall auf Katis Jeans.

KATI: Naa! Mei Hos'n! Mei guade Hos'n!! Des darf doch ned wahr sei.

Kati steht mit aufgerissenen Augen da, ihre legendäre 501 mit Benzin eingeweicht, die tropfende Motorsäge in der einen Hand, die Zigarette in der anderen.

JO: Geht doch scho guad o des Jahr!

Kati knallt die Säge auf den Boden und reißt die Gummimatten aus dem VW-Bus. Sie schaut dem Benzin beim wegfließen und versickern zu. Doch zurück zum Thema Mike.

KATI: Jaa, super geht's o!

Jo dreht kurz den Kopf zu Kati um. Eine Frage. Jo zieht die Augenbraue hoch. Das macht sie *immer*, wenn sie Kati nicht glaubt.

Eifrig richtet Kati jetzt die Gummimatten wieder in den Bus. Dann putzt sie zögernd ihre Hände an der Jeans ab. Und zieht sie vorsichtig aus, um den Schaden zu begutachten …

JO: Und? Seid's jetzt z'am faktisch?

KATI: Also, irgendwie … I Glaub scho.

JO: Aha. Und was sagt er dazu?

KATI: »Ich hab dich vermisst, Baby.«

JO: Aha. – Und was machst jetzt?

KATI: Keine Ahnung. Was soll ich den machen? Warten, bis er anruft! Oder?

JO: *I* woass doch ned, was ihr ausgemacht habts.

Kati fuchtelt mit den Händen.

KATI: Ja, n i x halt!!

Kati haut die Seitentür zu.

KATI: Am Freitag is er im M1.

Aus dem Hügeltal kommen leuchtende Scheinwerfer näher.

JO: Wer kimmt'n do?

KATI: Des is des Auto von meinem Nachbarn.

Jo drückt hektisch ihre Kippe aus, Kati springt mit ihrer Jeans im Arm zurück ins Auto. Die Mädels rutschen ganz nach unten in den Fußraum. Jo schaltet das Radio aus.

Im Rückspiegel sehen sie die Scheinwerfer den Daumiller Berg herauf fahren. Vorsichtig spähen die Mädels durchs Fenster. Nachbar Theos Toyota fährt langsam – zögernd – vorbei.

JO: Der Theo? Hat der uns kennt?

KATI: Keine Ahnung! Aber wenn er uns kennt hat, dann schau' ma fei alt aus. Jetzt fahr ma!

Kati startet den Motor.

9. EXT. KATIS BALKON – NACHT

Der Bus steht unten im Hof auf seinem Parkplatz. Am Balkon-Geländer hängt die Jeans voller Benzin. Die Legende am G'lander.

Kati kommt mit einer Flasche Rotwein und einem Bergkristall in einem roten Tuch eingewickelt auf den Balkon.

JO: Wenn das ned wieder der teure Wein von dei'm Papa is!

KATI: Geburtstag is was ander's.

JO: So so.

Ein Auto kommt an. Katis Eltern steigen aus und gehen zum Haus.

KATI: Mei, die kemman ja scho!

JO: Oh.

KATI: Prost.

JO: Prost.

Kati macht leise die Flasche auf und schenkt Jo ein Glas ein. Die Hände schwarz.

KATI: Oh mei oh mei. Die Jeans war mal eine Legende …

Kati streichelt wehmütig über das verschmierte Hosenbein am Geländer. Eine 501. Eine Legende am G'lander.

JO (mitfühlend): Die Mama hat da so a Seife.

KATI: Moanst des geht raus?

JO: I woaß ned? Gib's mir halt amoi mit.

Nebeneinander schauen Kati und Jo zum Mond und denken an Legenden, und heilige Hosen, und Zeiten wie diese. Da fliegen auf einmal Kieselsteine auf den Balkon.

ROCKY: Kuckuck.

JO: Des is da Rocky.

Rocky steht im Garten. Er trägt noch seine Rot-Kreuz-Kluft.

KATI (flüstert nach unten): Mensch Rocky, beeil di! Meine Eltern!

Rocky kraxelt schon die Balkonstütze hoch. Und rutscht ab.

Im Stockwerk unter Katis Balkon geht das Licht an.

Rocky verharrt bewegungslos in der Kletterrose. Katis Papa kommt auf den Balkon. Der Papa reibt sich die Stirn. Er hat Kopfweh und Sorgen wegen einer Baustelle. Er sieht Rocky, der neben ihm am Spalier hängt, nicht.

Der Papa geht wieder rein.

Mit einem letzten Klimmzug zieht sich Rocky auf Katis Balkon und zaubert eine Flasche Goldflockensekt und eine frische Schachtel Zigaretten aus seiner Jacke.

KATI: Des war knapp.

ROCKY: Puh, des war knapp, ha? Ihr habt's scho an sitzen, ha?

KATI: Mmmh!

JO: Schmarrn!

ROCKY: Na dann. Ois Guade!

KATI: Danke.

Rocky streckt wie im Reflex die Arme aus, um Kati zu umarmen. Aber er macht's nicht. Er setzt sich so fahrig und ungeschickt hin, dass er fast den Bergkristall vom Balkon schubst und sich den großen Zeh am Geländer anhaut, dass es kracht. Keine Miene verzieht er.

Rocky fläzt sich gemütlich hin und streckt der Kati die Flasche Sekt entgegen.

ROCKY: Komm mach auf. Scheiß Tag g'habt, echt.

Kati schraubt den Draht um den Korken auf. Der Sekt spritzt aus der Flasche. Kati setzt sofort die Flasche an den Mund und trinkt und schluckt, um dem Überdruck Herr zu werden.

KATI: Huch! Paah!

ROCKY: Mei oh mei ...

JO: Du kannst des ned!

ROCKY: Da schau.

KATI: Danke.

Kati und Jo kichern, während Rocky souverän den Kopf schüttelt und 3 Zigaretten gleichzeitig anzündet und verteilt. Die Flasche macht die Runde.

Rocky nimmt einen großen Schluck Goldflockensekt. Er schaut Kati in die Augen und reicht ihr die Flasche. Kati trinkt, doch ihr Blick hängt in den Sternen. Sie reicht die Flasche weiter zu Jo. Jo setzt an und trinkt, und trinkt … Dann stellt sie die Flasche hin. Sie schaut von Rocky zu Kati und wieder zu Rocky.

JO: Ah, ich glaub ich pack's dann.

KATI: Was jetz scho?

JO: Du, bei mir ist Ende im Gelände.

KATI: Oh Mann …

Jo tut so, als würde sie ein Auto lenken.

JO (zu Rocky): Und Rocky: Morgen zoagst es ihnen, gell!

ROCKY (nervös, Prüfungsangst): Ja, pfff, du redst di leicht! Echt.

Jo klettert über das Geländer und schickt sich an, die Balkonstütze hinunter zu rutschen.

JO: Wieso? Wenn er di' bis zur Neubauer Kreuzung fahrn lässt, dann hast n Führerschein eh schon in der Taschn.

ROCKY: Mir fanga doch erst an der Neubauer Kreuzung o!

JO: Ja, eben!!

ROCKY: Ja danke.

KATI: Mensch, Jo, dei Hos'n! Sackl Zement!

Jo landet im Garten. Kati macht das Geräusch für einen Auto-Crasch (*öööööönn-Pch-ch*) und wirft Jo die Jeans hinunter.

JO: Ja, danke.

Jo winkt zum Abschied und tanzt die aufgerissene Auffahrt hinauf. Sie singt lauthals, nimmt weder Rücksicht auf den Schlaf von Katis Vater, noch auf den der Nachbarn:

JO: *Once upon a time on a sunny green meadow – there was a herd of sheep looking for a shadow – and among them there was tony – feeling he was lonely – then he startet moaning while the grass was growing – sheep shaka-lakalaka-sheep-a-sheep-a-sheep – sheep shaka laka.*

Sie singt, bis sie verschwunden ist. Kati schaut ihr nach.

Ein Stockwerk tiefer geht wieder die Balkontür auf.

VATER KATI: Sag amoi, spinnts ihr!

Kati zuckt zusammen und quetscht sich ans Balkongeländer. Rocky rührt sich nicht. Immer noch schaut er Kati an.

VATER KATI: Wer is'n da noch oben?

KATI: Koaner mehr. Bloß ich. Die Jo war da!

VATER KATI: Habts ihr meinen guad'n Rotwein zam g'suffa? Katis Papa steht auf dem Balkon, eine teure Flasche Rotwein in der Hand. Leer.

KATI: Naa!

VATER KATI: Wo is na' der?

KATI: Ja, ich hab'n ned.

VATER KATI: Drei Flaschen san weg.

KATI: *Eine* hab i g'holt. *Eine* bloß. Und des war *ned* der gute.

VATER KATI: Das *war* der gute.

KATI: Dann bring' i dir halt an neuen.

VATER KATI: A neuer! A neuer nutzt ma nix! Das is ein *La-ger*wein. I spar man auf, und ihr sauft's man aus der Flasche!

KATI: Aber i hob Gläser! Und außerdem hab ich heut Ge-burtstag.

VATER KATI: Ja dann ois Guuade, und jetzt schaugst dass'd nei kummst!

Die Balkontür geht zu. Kati atmet auf. Sie nimmt einen tiefen Schluck Goldflockensekt und lehnt sich an Rocky.

ROCKY: Puuuh. Massl g'habt, ha?

Rocky schaut Kati an, deren Silhouette sich gegen den Vollmond abzeichnet. Kati trinkt Sekt und starrt mit großen Augen in den Himmel. Wieder schwebt ein Flugzeug mit blinkenden Lichtern zum Erdinger Flughafen.

Kati trinkt weiter. Sie merkt erst nicht, wie ernst Rocky sie anschaut. Als sie es merkt, weiß sie nicht so recht, was er will. Rocky nimmt Kati den Sekt aus der Hand.

Dann tut Rocky etwas, was er nicht tun sollte: Er küsst sie. Hoppsala. Kati wird schlagartig schwarz vor Augen, schwindlig im Kopf und in ihrem Bauch passiert etwas Bitteres. Kati würgt und spuckt einen Schluck voll rotweinfarbenen Goldflockensekt auf Rockys Schulter.

10. INT. ZIMMER / BAD – NACHT

Kati dreht sich ruckartig um, haut sich den Kopf an der Balkonstütze an und stürmt auf die Toilette, wo sie den guten Rotwein und den Goldflockensekt den Fluten der Kanalisation übergibt. Rocky kommt langsam hinterher, um nach dem Rechten zu sehen.
    ROCKY: Boah. Oh mei oh mei … ah … Oh mei Kati.
    KATI: Scheiße. Sorry.
    ROCKY: Macht doch nix.
Rocky schnappt sich eine Rolle Klopapier und wischt die zum Teil beschmutzten Fliesen.
    KATI (schwach): Jetzt hör bloß auf, das mach i dann scho!
    ROCKY: Schmarrn jetzt. Du legst di jetzt ins Bett. I schau' morgen mal nochmal vorbei, ha!
    KATI: Danke.
    ROCKY: Hfffffff.
Kati schleppt sich aus dem Bad quer durch ihr Zimmer zum provisorischen Bett, einer Matratze in der Ecke. Zack ist sie eingeschlafen. Rocky räumt auf und setzt sich dann neben sie.

11. INT. ZIMMER – MORGEN

Ein stechender Schmerz im Kopf weckt Kati auf. Sie ist kaum in der Lage, ein Auge zu öffnen.
Rocky schläft auf dem nackten Fußboden neben ihr.
    KATI: Rocky? Was machst'n du da?
Rocky wacht auf. Ganz verquollen grinst er Kati an.
    KATI: Rocky! Sag amal, spinnst du?! Du kannst doch ned einfach bei mir übernachten!

ROCKY: Boah, muaß i schiffn.

Sie hören beide die Schritte die Treppe rauf kommen.

KATI: Die Mama. – Hau ab! Schnell, hau halt ab!!

Rocky macht die Schranktür auf. Klamotten purzeln ihm entgegen. Er hat nicht Platz im Schrank. Die Tür geht auch nicht mehr zu hinter ihm.

ROCKY: Scheiße. Muaß i schiffn!

Rocky drückt sich an die Wand. Die Schranktür geht nicht so weit auf, dass er sich ganz dahinter verstecken könnte.

Da schwebt Katis Mama schon im durchscheinenden Nachtgewand durch die Zimmertür, legt einen Stoß Wäsche neben das Bett, marschiert quer durch den Raum und öffnet die Balkontür. Dann setzt sie sich zu Kati auf die Matratze und gibt ihr einen Kuss auf die Stirn.

MAMA KATI: No Mauserl? Du bist ja scho auf! Alles Guade zum Geburtstag!

KATI: Hm.

Rocky hinter der Schranktür macht die Augen zu. So nah wollte er dem Privatleben von Katis Familie gar nie kommen. Und wie Katis Mama in Unterwäsche ausschaut, wollte er auch nicht wissen. Außerdem muss er dringend pieseln.

Kati dreht sich zur Wand und versteckt ihren Kopf unter dem Kissen. Ihren Arm hat sie fest um einen Teddybär geschlungen. Die Mama legt einen recht offiziellen Brief neben Kati.

MAMA KATI: Do, schau her!

KATI: Was is'n des?

MAMA KATI: Schau nei! Also Mauserl, kimmst nachad nunter. Dei Kaffee steht scho am Tisch.

Kati fummelt den Brief auseinander und schielt mit verklebten Augen darauf. Es ist das Zusage-Schreiben für ein Jahr Schüleraustausch in Amerika. In *Cleveland, Ohio*.

Schief lächelt sie ihre Mama an. Die Mama streichelt Katis Haar. Aber der Blick, mit dem sie den Brief anschaut, ist traurig.

Dann wird ihre Maus jetzt für ein Jahr nach Amerika fahren. So weit weg die Kati …

Bevor sie geht, sammelt die Mama noch die leeren Wasserflaschen im Zimmer ein. Kati studiert ihren Brief. Rocky atmet wieder hinter seiner Schranktür.

ROCKY: Puh. Du, i packs!

Kati kugelt aus dem Bett. Rocky steigt über den Klamotten-Haufen. Eigentlich wollte er noch was sagen. Stattdessen strubbelt er Kati durchs Haar und schleicht auf den Balkon.

Rocky rutscht lautlos die Stütze hinunter und verschwindet durch die Hecke.

Kati tappst auf den Balkon und schaut ihm nach wie einem Geliebten. Doch Oh Gott, was macht der Rocky!

12. EXT. THEOS GARTEN – MORGEN

Rocky pinkelt in Theos Garten. Aufatmend.

Theo recht gerade das Laub in seinem kleinen Vorgarten. Er schaut kurz hoch, und traut nicht seinen Augen, als er Rocky sieht. Theo recht weiter. Was soll er auch sonst tun in dieser Situation? Rocky macht seine Hose zu – und schaut direkt in Theos Gesicht. Scheiße …

ROCKY: Uuuuh … Servus, Theo!

THEO: Ja sag a…

Rocky geht an Theo vorbei. Theo sagt nichts. Er nickt höflich zum Gruß.

Theos Frau tippelt, angetan mit Stöckelschuhen und Leggins, zum Auto

ELFI: Theeeeooo? Du, i hob drinna mei' Sonnabrui'n vergessen. Bittschön bring mas mit! Die liegt im Bad, auf dem Rollschrank. – Na, na Theo, nebens Telefon hab ichs hing 'legt. – Und wenns da nicht liegt, dann is' in der Küch oberste Schublade rechts, gell! Aber Theo, schick di!

Theos nachdenklicher Blick folgt Rocky bis hinauf zur Hauptstraße.

THEO: Mach i, Mausi.

Elfi steigt ins Auto und bereitet sich seelisch und kosmetisch (Zahnkontrolle im Rückspiegel) auf ihren Arbeitstag vor, während Theo tut, was er jeden Tag tut – sich fügen und die Sonnenbrille holen.

12A. INT. KATI KÜCHE

Kati ruft Jo an und sagt ihr, dass sie genommen wurde.

JO: Woos!

KATI: Ja g'nomma hams mi!

JO: Des is ja der Wahnsinn! Des ist doch super geil!

KATI: Hmmm. Moanst?

JO: Ja freilich! Was moanst wos da ois dalebst?

KATI: Ja, aber dann versäum i doch a ganz ' Jahr dahoam.

JO: A so a Schmarrn! Dahoam versamst nix, was d'ned scho zehn Mal derlebt hast und noch zwanzig Mal derleben wirst!

KATI: Moanst?

JO: Ja freilich.

MAMA JO: Jooo!

JO: Ja, du Kati, i muaß jetzt der Mama helfen. Kommst nachher noch vorbei?

KATI: Ja.

JO: Guad.

KATI: Bis spada.

JO: Oiso bis dann, gell!

KATI: Ciao.

JO: Ciao.

12B. INT. JO

Jo freut sich riesig, wie sie aber auflegt, spürt man auch den Schmerz, den sie hat, wenn ihre beste Freundin weg ist.

13. EXT. GARTEN – MORGEN

Ein großes weißes Bettuch flattert im Wind. Katis Mama hängt Wäsche auf. Kati spaziert mit der Kaffeetasse in der Hand zu ihr.
Mama KATI: Na? Geburtstagskind?
Kati schleicht um die Wäschespinne herum. Mutter und Tochter teilen den Kaffee. Katis Bruder Luis steht neben einer Pappschachtel vor dem Sandhaufen und bringt seinem elektrischen Spielzeug-Hund »Sitz« und »Platz« bei.

Katis Papa lässt ein paar Fichtenstempen vom Holzhaufen auf den Boden plumpsen. Dann holt er die Motorsäge aus dem VW-Bus. Da stutzt er: Die Fußmatten stinken nach Sprit. Und der Holz-Elefant von Katis Bruder liegt unterm Sitz.
VATER KATI: Lois'l! Geh amoi her! Sag amoi, hast du irgendwas mit der Motorsäg' g'macht?
Katis kleiner Bruder saust vom Sandhaufen daher. An einer Leine führt er den Stoffhund. Glücklich nimmt er seinem Vater den Holzelefanten aus der Hand.
LUIS: Naa.
Luis setzt den Stoffhund hin. Der Papa versucht, die Motorsäge zu starten. Aber die hustet und röchelt bloß. Leer.
VATER KATI: Aber irgendwas muss jemand g'macht haben!
LUIS: I hobs ned g'habt.
VATER KATI: Da, Sprit is a koaner mehr do.
LUIS: Wenn i sag i hobs ned g'habt, dann hob i's ned g'habt.
VATER KATI: Ja, dann war's der Heilige Geist?
LUIS: Ko scho sei.

Der Papa angelt sich den Benzinkanister aus dem Bus und schüttet Benzin in die Motorsäge, dass es überschwappt.

Kati beobachtet besorgt ihren Bruder. Hoffentlich kann er sein freches Mundwerk halten! Aber nein: Luis beobachtet das tropfende Benzin und kräht:

LUIS: Du schütt'st ja ois daneb'n!

VATER KATI: Du hoitst dei frech's Mäu und gratulierst deiner Schwester!

LUIS: (Gemurmel)

Luis schleicht mit Hund zum Sandhaufen zurück. Umständlich bindet er eine Schleife um Zampis Hals. Aber vorher wischt er damit über seine Backe. Der Papa schmeißt die Säge an und schneidet Spitzen an die Fichtenstempen. Die Mama beobachtet ihren Mann und ihren Sohn hinter den flatternden Kissenbezügen.

KATI: Du Mama, darf ich heute ins M1?

MAMA KATI: Du wollt'st doch morgen ins Bierzelt?

KATI: Aber ich muss heut' ins M1.

MAMA KATI: Wieso musst du?

KATI: Weil.

MAMA KATI: Der Mike kann doch her kommen. Der Opa und Tante Anni kemman a.

KATI: Aber der Mike geht heut ins M1.

MAMA KATI: Ja mei.

KATI: Mama? Mamaaa?

MAMA KATI: Ja mei … Da musst an Papa fragen.

Die Mama verschwindet im Haus. Kati bleibt schlagartig stehen.

KATI: Der Papa! Der Papa sagt Hemadlenz zum Mike!

14. EXT. HAUS JO – TAG

Kati radelt bei Jo in den Hof. Der alte Traktor und der Benz von Jos OPA BENI stehen vor der Scheune.

Jo recht den Kies im Hof. Ihre Mutter REGINA zupft Unkraut aus den Pflasterritzen. Opa Beni setzt die Flex am Türrahmen seines rostigen, ansonsten aber schneeweißen 123er Benz (79er Baujahr) an. Funken fliegen durch die Luft.

KATI: Servus!

OPA JO: Kati, griaß di.

MAMA JO: Griaß di, Kati! Ois Guade zum Geburtstag!

KATI: Danke.

Kati nimmt sich einen Rechen und bearbeitet den Kies. Die Mädels schnattern sofort los. Im Hintergrund surrt Opa Benis Flex.

JO: Servus! Hat der Mike scho o'g'ruafa?

KATI: Naa.

JO: A so a Lahmarsch.

KATI: Du, i woass gar ned, ob ich ihm gsagt hab, dass ich Geburtstag hab.

JO: Wann hat'n *er*?

KATI: Am 19. November.

JO: Siegst'as!

MAMA JO: Wer is'n der Mike? Der semmelblonde Semmelkopf von letzt's mal?

JO: Genau der.

MAMA JO: Der dat mir auch g'falln!

JO: Was, der???

Kati schaut verwirrt. Kurze Stille, in der die Kiesrechen kratzen.

Da fährt der Zimmerei-Lastwagen auf den frisch gerechten Hof. Jetzt ist eine Bremsspur im Kies. Jos Bruder Steve kommt von der Baustelle. Mit ihm springt Lugge aus dem Lastwagen und zieht gleich ein paar Dachlatten von der Ladefläche, während Steve seiner Mama ein Bussi auf die Backe gibt.

STEVE: Griaß eich!

JO: Servus.

KATI: Griaß di!
MAMA JO: Griaß eich!
LUGGE: Griaß eich!
KATI: Griaß di!
Kati weiß plötzlich nicht mehr, wo sie hinschauen soll.
Lugge und Steve tragen die Latten in die Werkstatt. Opa Beni steckt sofort die Flex aus.
Automatisch schwenken Lugge und Steve mit ihrem Packerl Dachlatten um und marschieren Opa Beni hinterher zur Holzleg'. Jo hat aufgehört zu rechen und raunt Kati ins Ohr:
JO: Den siehst morgen auch.
KATI: Ha?
JO: Der Lugge kommt bestimmt morgen auch noch.
OPA JO *zu Lugge:* Na, na, na. Ned einfach da hie loahna! Da eini kehrn die!
MAMA JO (flüstert): Was is'n morgen?
JO: Der Top-Six-Cup …
KATI (gleichzeitig): Da kannst 1000 Sternschnuppen sehen, wennst Glück hast …
Opa Beni watschelt zu seinem Benz zurück und schmeißt seine Flex an. Lugge marschiert direkt durch den Funkenregen. Wie in eine Sternenwolke gehüllt sieht er aus.
Jos Mama schaut von Kati zu Lugge. *Ach so*, denkt sie.
MAMA JO: Da mein' ich, da könnts euch ein paar frische Prinzen herwünschen.
JO: Mama!
MAMA JO: Jaa, ich seh' sie schon vor mir. Klein, schmalbrüstig. Semmelblond …
KATI UND JO: Ja, niemals!
JO: Groß – Dunkel – Geheimnisvoll.
KATI: Echte Helden!
JO: Ja.
Opa Beni schaltet seine Flex aus. Kati verstummt. Sie hat viel

zu laut geredet, weil sie die Flex übertönen wollte. In dem Moment schaut Lugge her. Ausgerechnet. Auf der Stirn hat er einen Kratzer, der ihn aussehen lässt wie einen Seeräuber nach der Schlacht.

OPA BENI (zu Kati): Huift ma moi oana des o'streicha do, i sieg nix ohne Bruinn. Zefix aber aa!

MAMA JO: Aha.

OPA JO (zu Kati): Da, sei so gut.

Sofort nimmt Kati den Topf mit der Grundierung und pinselt das abgeschliffene Blech ein. Scheißfroh, etwas zu tun zu haben. Kati schielt die ganze Zeit extrem unauffällig zu Lugge. Die Lachfalten neben seinen Augen. Das Tal in seinen Wangen. Wie er sich über den Kratzer auf der Stirn rubbelt.

Jetzt treffen sich die Blicke von Lugge und Kati. Und Kati scheint der Komet höchst selbst zu treffen.

Opa Beni steckt die Flex aus. Pfeifend räumt Opa Beni sein Werkzeug in die Kiste am Traktor.

Der Müll-Laster hält derweil am Straßenrand. Der Fahrer leert die Tonne.

MAMA JO: Wart! I muass no was eini tun. Wart.

MÜLLMANN: Ja wart, tu's eini. Griaß di!

MAMA JO: Griaß di!

Tja. Das wird jetzt Lugges Abschied für eine lange Zeit. Drei Jahre Walz. Wie sagt man da Pfiade?

JO: Servus Lugge!

LUGGE: Griaß di!

JO: Was hast 'n da für ein Katzer?

LUGGE: Ah, a saudumme G'schicht.

JO: Sternschnuppen!

LUGGE: Jaha, tss. Sowas in der Art … Jetz konn i ma ois wünschen, wos i scho immer woit '!

STEVE: Lugge, wie schaut's aus? Hast es dann? Pfiad di Mom!

MAMA JO: Servus, Bua!
LUGGE: Also, Pfiad Euch.
KATI: Pfiade!
OPA JO: Pfiade!

Kati macht intensiv-Kies-rechen. Lugge geht in seiner Zimmerer-Hose den Bürgersteig entlang, den Blick im Boden, die Hände in den hinteren Taschen. Schaut schon gut aus. So schöne Schultern hat er, und sehnige Arme.

Die Sehnsucht nach *allem* brennt in Katis Augen, während der Müll-Laster donnernd anfährt und die Dorfstraße zum Jäger-wirt runter rollt.

MAMA JO: So, und jetzt mag i an Kaffee, und keine Wider-rede! Du, äh, Jo, den Benzin-Hadern hab i weg gschmissen. Da war ja gar nix mehr zum retten!
KATI: Welch an Benzin-Hadern?

Jo zieht die Schultern hoch. Doch eine ungute Ahnung hat auch sie. Voller Entsetzen springt Kati auf ihr Fahrrad und rast dem Müllauto hinterher. Jo tippselt schnell zum Haus.

JO: Mama, des war die heilige Hosn von der Kati!
MAMA JO: Ja woher solln i des wissen?
JO: Ha i hab g'sagt du sollst as waschen, ned wegschmeißn!
MAMA JO: Ja red' halt mit mir!
JO: Ja …
MAMA JO: Mei …

15. EXT. TANDERN / STRASSE – TAG

Kati rast auf dem Radl durch das ganze Dorf. Der Müllwagen fährt den Weg zum Sportplatz hinunter. Kati hinterher.
KATI (brüllt): Hey! Heyyy!
Der Fahrer kurbelt das Fenster herunter.
MÜLLFAHRER: HA?

KATI: Halt an!
MÜLLFAHRER: Was soll i?
KATI: O'halten sollst!
MÜLLFAHRER: Warum?
KATI: Da is mei Jeans drin! Mei Jeans is da drin!
MÜLLFAHRER: Franz, bleib amoi steh!
FRANZ: Warum?
KATI: Mei Jeans is da drin! Da is mei Jeans drin!!
Der Müllfahrer hält an.
MÜLLFAHRER: Mei, Dirndl, da kann i jetzt auch nix ma-chen!
KATI: Kannst nicht den Karren ausleeren?
MÜLLFAHRER: Naa, eigentlich nicht.
KATI: Die Hose is' aber heilig!
MÜLLFAHRER: Mei, Dirndl, das hat doch keinen Wert ned. Was möchst 'n …
KATI: Dann lass mich wenigstens nachschauen. Bitte.
MÜLLFAHRER: Ja wennst moanst, schau nach. Und scheiße oder?
Er lässt Kati hinten auf die Ladeklappe klettern.
KATI: Scheiße!!
Kati schaut sich das Innenleben des Müllwagens an.
FRANZ: Xaver, was is' n los?
Ein 3er BMW schießt droben an der Hauptstraße vorbei. Bremst. Fährt rückwärts. Bremst wieder. Rocky sitzt, angetan mit Baseball-Cap und neuer Sonnenbrille, lässig am Steuer. Er sieht Kati hinten am Müllwagen hängen. Da blinkt er, biegt ab und fährt schneidig zu ihr hin.
ROCKY: Heeey!
MÜLLFAHRER: Da, nimm die Handschuh!
ROCKY: Was machst'n du da?
KATI: Meine Jeans is da drin.
ROCKY: Oh oh.

Rocky lässt die Fahrertür beim Aussteigen offen und den Motor laufen. Er klettert neben Kati auf die Ladeklappe. Auf seinem T-Shirt steht fett gedruckt *Klärbeckenkombo*.
Doch Rocky hat etwas erspäht. Einen Zipfel vom Hosenbein.
ROCKY: Da, schau mal. Da!
Während Kati sich auf Rockys Schulter abstützt, um in den Müll-Laster langen zu können, gurgelt der Motor von Rockys Klapperflitzer, tackert mit den letzten Schnaufern.
KATI: Ah! Ja, scheiße!
Doch Rocky hält die Stellung neben Kati, und so stirbt der Motor ab. Kati streckt sich, erreicht den Zipfel und zerrt daran. *Ratsch* macht es, und sie hält ein total verdrecktes halbes Hosenbein in der Hand.
KATI: Das war's jetzt dann wohl.
ROCKY: Hey, ned traurig sein, ha.

Lieb zwickt er Kati in die Backe. Dann setzt er sich wieder in sein Auto.
KATI (zum MÜLLFAHRER): Danke.
MÜLLFAHRER: Passt scho. Servus!
ROCKY: Magst mitfahren?
Kati schüttelt den Kopf. Sie ist ganz voller Trauer wegen der Hose.
KATI: Na.
MÜLLFAHRER: Franz, fahr'n ma.
Der Müllwagen fährt davon. Kati hält ihr halbes Hosenbein in der Hand und hatscht mit gesenktem Kopf davon. Dann fällt ihr plötzlich ein, was anders ist. Sie dreht sich zu Rocky um. Der Motor des Klapper-Flitzers macht nur Hhh-Hhhh.
KATI: Oh Scheiße, du hast ja deinen *Führerschein* g'schafft! – Gratuliere!! Mensch, und du hast echt a cool's Auto!
ROCKY: Kati, wer ko der ko.
Rocky bewahrt die Fassung, hofft, dass der Karr'n anspringt

und dreht den Zündschlüssel. Der Karr'n springt nicht an. Rocky wird rot im Gesicht.
KATI: Oh …
Kati nickt. Rocky lässt sein BMW stehen, schultert seine Sporttasche und marschiert zum Fußballtraining.
ROCKY: Merci Kati!

16. EXT. TANDERN STRASSE – TAG

Kati schlendert mit dem Hosenbein in der Hand die Dorfstraße hinauf. Ihre Mama kommt ihr im Auto entgegen. Die Mama winkt, hält an und beugt sich aus dem Fenster.
MAMA KATI: Ah, du Kati! I fahr in Englischkurs.
KATI: Wohin?
MAMA KATI: Naja, wenns'd in Amerika bist, müss ma doch was reden können. Do You have me?
KATI: Ja Mama, I hab di!
Kati grinst gerührt. Die Mama hat's eilig …
MAMA KATI: Du, der Papa kommt zum Mittagessen! Ich hab' an Auflauf in' Ofen nei getan. Der braucht' einschalten, um 12. Hast mich?
KATI: Jes, I have you!
MAMA KATI (schreit ihr hinterher): Pfiade!
Kati nickt. Katis Mama gibt Kati ein Luft-Bussi und fährt davon. Kati balanciert auf dem Randstein nach Hause.

17. INT. KÜCHE – TAG

Kati schaltet das Backrohr ein. Im Vorbeigehen stopft sie sich eine trockene Semmel in den Mund. Aus dem Gutzi-Schrank klaut sie eine Tafel Schokolade.

18. EXT. WIESENHÜGEL / HOF KATI – TAG

Kati legt sich mit der Schoko bewaffnet auf die Wiese und versinkt in einen Amerikareiseführer. Wieder mal vergisst sie die Zeit. Aus dem Küchenfenster raucht es bereits.

Der Lastwagen, voll beladen mit Mörtelverklebtem Holz und ausgefransten Brettern, fährt in den Hof.

Vorsichtig späht Kati von der Wiese hinunter, und sieht nun den Rauch aus der Küche qualmen.

19. EXT. HOF – TAG

Katis Vater sieht sofort den Qualm aus dem Küchenfenster. Er stellt den Lastwagen vor der Haustür ab.

VATER KATI: Kruzi …fünferl!

KATI: Oh Gott bin ich blöd!

Der Papa reißt den Feuerlöscher unter dem Lastwagensitz heraus und stürmt ins Haus. Man hört eine Tür knallen, Töpfe scheppern und die Auflaufform zerspringt auf dem Boden.

20. INT. HAUS KATI / KÜCHE – TAG

Qualm vernebelt die Sicht auf die Dinge. Glasscherben und qualmender Auflauf-Baatz kleben auf dem Küchenboden.

VATER KATI: Au!

KATI: Oh Gott, tut mir leid! Das wollt i ned.

VATER KATI: Ahhh.

KATI: Ich habs total vergessen! Hast dir wehgetan?

VATER KATI: Passt scho!

Kati klaubt in aller Schnelle den Verhau zusammen, so gut es geht. Gleich wird's einen Anschiss hageln dass' raucht, da ist sie sich sicher.

KATI: Du, ich könnt' dir fei an Tomatensalat machen, wennst Hunger hast.

VATER KATI: Tua di' ned ab.

Der Papa schnappt sich einen Keil Käse und eine Handwurscht aus dem Kühlschrank.

VATER KATI: D' Mama hat was g'sagt wegen Amerika.

Kati stellt ihr Glas wieder hin.

VATER KATI: D 'Mama hat ma was erzählt. Von Amerika. Dass' di g'nommen ha'm.

KATI: Hmmm.

Kati nickt verschämt. Betreten. Das Thema will sie jetzt noch anschneiden.

VATER KATI: Von 30 oder wieviel warn's? Guad. Wirklich guad, gfreid mi narrisch!

Der Papa trampelt mit Handwurscht und Feuerlöscher wieder in den Hof hinunter. Kati setzt sich an den Küchentisch und wirkt ein wenig unsicher. »Guad« findet das der Papa also »Guad«, mehr nicht!

20 A. INT. HAUS KATI / KÜCHE – TAG

Die Familie sitzt um den Küchentisch: Mama, Papa, Opa, Tante Anni, Luis, Kati und Jo.

KATI: Uhuhu … Danke, Mama.

OPA KATI: Da schau her. Und da … da … da kaffst da was scheens, gell!

KATI: Danke.

Tante Anni schiebt eine durchsichtige Geschenk-Schachtel mit rosa und türkis gemaschelten weißen Schlüpfern drin zu Kati. Die Glückwunschkarte mit der Zahl 17 ist beschriftet: *Für Kati zum 17. Tante Anni.*

TANTE ANNI: Geld her schenken, glabst es! Do, schaug amoi

nei! Und, gfoit's da? Do konnst di sehn lassa damit du! Haha!
OPA KATI: I woaß ned.
MAMA KATI: Ja, wo sollt sie sich denn da sehn lassn?
TANTE ANNI: Sei halt ned so naiv! In Amerika, ja was moanst wie's da zugeht! Haha!
VATER KATI: Glabst' es. Du redst an Schmarrn daher!
LUIS: Also mir gfoit's. Sonst hast a owai solche Lapp'n o!
Allgemeines Gelächter.

22. INT. HOF KATI / FLUR U. ZIMMER KATI – NACHT

Kati beugt sich im Nachthemd über das Treppengeländer und schreit hinunter in die Küche:
KATI: Guad' Naaaacht!! I geh jetzt ins Bett.
VATER KATI: Guad' Nacht!
Kati trampelt in ihr Zimmer hinauf. Sorgfältig schließt sie die Tür.

23. INT. / EXT. ZIMMER KATI / BALKON – NACHT

Nach Mitternacht. Kati hat helles Make-up im Gesicht, dunkelrot umrandete Lippen und schwarz bemalte Augenlider. Sie trägt einen schwarzen Mantel mit Mottenlöchern. Ihre John-Lennon-Sonnenbrille im Haar.

Ein Bein hat sie auf den Tisch gestellt. Mit den letzten Stichen näht sie ihr halbes Hosenbein an eine neue Jeans.

Dann schleicht sie auf den Balkon. Vorsichtig stellt sie sich auf das Geländer.

Der Wind bläst durch ihren Mantel. Für einen kurzen Augenblick lässt Kati die Balkonstütze los. Für den Bruchteil eines Augenblicks fällt sie.

Aber dann greift sie wieder hin und hangelt sich über das Spalier in den Garten hinunter.

24. EXT. STRASSE / DORF – NACHT

Kati hat die Mantelkaputze ins Gesicht gezogen. Sie klappert in ihren nie getragenen Biker-Boots unter dem Hosenbein zum Millibankerl an der Hauptstraße.

Dort grinst Helmut Heugruber von einem Wahl-Plakat mit dem Slogan »Ich stehe ein für Unsere Sicherheit«. Mit verschränkten Armen steht Kati daneben und starrt auf Heugrubers Grinsen wie auf ihren ärgsten Feind.

Kati wartet. Jo kommt nicht … Kati schaut die Straße hinauf. Endlich! Jo stöckelt daher.

KATI (flüstert): Hi?

JO (flüstert): Griaß di. Sorry, dass i so spät bin.

KATI: Macht nix.

Jo nickt. Die Mädels marschieren die Hauptstraße entlang aus dem Dorf hinaus.

Jo legt noch einen Zahn zu. Sie hat keinen Bock auf den ganzen Zirkus. M1. Trampen. Hatschen. Aber *schon so* keinen Bock.

JO: Kimm, den schnapp ma uns glei.

KATI: Arschloch!

JO: Wart amoi, Kati.

Kati sucht nach etwas, das die Stimmung hebt.

KATI: Kennst die G'schicht vom Messerstecher von der Glonn.

JO: Na.

Das Ortsschild von Tandern steckt im weichen Bankett, beleuchtet nur von der letzten Straßenlaterne in Tandern.

KATI: Des is no koane zehn Johr her, da is a ganz normaler Familienvater plötzlich in der Nacht immer furt. Erst hat sei' Frau g'moant, er betrügt sie. Aber dann is eine Bäuerin aus'm Nachbardorf erstochen in der Glonn g'funden wor'n. Zwoa Tag' später ist ein Friseur ausm Landkreis Pfaffenhofen nie wieder von seinem Angelausflug hoam 'kemma. *Dann* hat die Frau – also die Frau von dem Familienvater – die Messer g'funden. Im Hobbykeller hat er's g'habt.

Jo hört gespannt zu. Jetzt gehen die Mädels wieder schön nebeneinander. Da hält Tonis Pick-up neben ihnen an. Nachts auf der Landstraße. Tandern ist nur noch ein kleiner Fleck Lichter in einer großen schwarzen Welt hinter ihnen.

JO: Wieso draht der um?

KATI: Scheiße.

Kati packt Jo an der Hand und zerrt sie weg von dem Auto in den Graben. Die Beifahrertür geht wie von Geisterhand auf.

JO (flüstert): Kennst du den?

KATI (flüstert): Naa! Jetzt geh bloß ned hi, Jo!

JO: Jetz wart amoi!

KATI: Jetzt bleib halt da!!

Jo schüttelt Katis Hand ab und späht in das Auto hinein. Toni sitzt am Steuer. Mit seiner Metaler-Kutt'n und dem Stachel-Armband sieht er gefährlich aus.

JO: Hey Toni! Hast du a neu's Auto?

TONI: Wo miasst'n hi?

Jo steigt ein.

JO: Ins M1!

Toni nickt so halbscharig.

TONI: Passt.

JO: Kimm Kati.

Ungeduldig winkt sie Kati, die sich immer noch fürchtet, auch endlich einzusteigen.

KATI: Ach Servus, Toni

TONI: Salve.

24 A. I / E. LANDSTRASSE AICHACH – NACHT

Kati hat den Platz an der Tür, Jo sitzt so starr wie möglich in der Mitte, denn Toni muss zwangsläufig ihr Knie streifen, wenn er schalten will. Weshalb Toni das Schalten so weit wie möglich vermeidet.

JO: A so a Massel, gell! Gerade heute, wo wir ins M1 wollen, kommst du daher und fahrst da a hi.

TONI: Hmm.

KATI: Ohoho!

25. EXT. PARKPLATZ / M1 – NACHT

Kati und Jo steigen aus dem Pick-up.

TONI: Oiso dann …

JO: Kimmst ned mit nei?

TONI: I muss wieder z'ruck.

JO: Wie z'ruck?

TONI: I hab a Bandprob.

JO: Ach so, du hast jetzt a Bandprob?

TONI: Von nix kommt nix.

JO: Aha – ja dann danke fürs herfahrn!

TONI: Passt scho.

Toni hebt zum Abschied den rechten Finger vom Lenkrad und fährt davon.

JO: Jetzt glaab i, dass i spinn. Bandprobe … Des san 15 Kilmeter Umweg, was der jetzt g'fahrn is!

KATI: Ob der überhaupt scho da is?

JO: Aha.

Kati schaut sich nervös um. Auf der Suche nach Mike.

KATI (ängstlich): Siegst du n Mike irgendwo?

JO: Naa. Aber da passt er her! Kimm!

Vor dem Eingang zum M1 drängt sich eine lange Schlange schwarz gekleideter Gruft-Typen. Die Mädchen tragen Over-Knee-Boots. Manche.

25A. EXT. M1 – NACHT

Kati sammelt ihren Mut zusammen, um nicht auf der Stelle wieder umzudrehen. Jo dagegen marschiert schnurgerade auf den Eingang zu. Kati versteckt sich in ihrem Mantel und tappst ihr hinterher.

Der Türsteher macht für die Gäste die dicke rote Tür auf und zu. Eine wunderbare geheimnisvolle Welt aus Bässen und künstlichem Nebel schwappt aus dem M1-Inneren zu Kati und Jo heraus. Mit dem Geruch nach Abenteuer. Schwarze Gestalten. Zigarettenrauch in der Nachtluft. Der Geruch von Bier, auf den Boden geschüttet. Kati kontrolliert ihr Outfit. Zieht den Bauch ein. Schaut sich suchend um. Keine Spur von Mike.

JO: Servus

TÜRSTEHER: Oh. Ja, ja. Zeigt's amoi euern Ausweis bittsche her.

Kati klopft auf ihre Taschen.

KATI: Oh. Hab i jetzt gar keinen dabei.

TÜRSTEHER: Ach.

Der Türsteher schüttelt gelangweilt den Kopf. Er winkt die Mädels hinter Kati und Jo durch.

EVELYN: Hiii, Marco.

TÜRSTEHER: Eve, griaß di.

KATI: Kennst mi ned?

TÜRSTEHER: Viel Spaß. Bussi, servus … (zu KATI) Was is jetzt?

JO: Ja, des is doch lächerlich!

TÜRSTEHER: Abmarsch. Auf geht's.

26. EXT. PARKPLATZ M1 – NACHT

Später: Kati lehnt im Schatten an einer Säule. Jo geht langsam um die Säule herum. In der Schlange vor dem Eingang stehen jetzt Hardcore-Gruftis aus Augsburg.

KATI: Schau, des is das Auto vom Alex!
A bissel wart ma no, ok?
JO: Ja, passt scho.

Später: Kati und Jo sitzen auf den Stufen neben dem Eingang.
Lautes Gerde vor der Disko
DISCOGÄNGER: Jetza, auf geht's!
TÜRSTEHER: Hohoho Freunde, bleibt amal steh!
KATI (zu TÜRSTEHER): Des is mir jetzt scheißegal, wie oft
dass du des jetzt sagst. Aber i muaß da eini! Oh Mann, du bist
so …
JO: Mir warten.
KATI: Hm.

27. EXT. EINGANG M1 – NACHT

Wieder später: Kati sitzt immer noch da. Jo friert schon. Sie
schaut auf die Uhr, zum M1 und gleich nochmal auf die Uhr.
   Da geht die Tür auf. Mike, Alex und Baum werden mit einer
Wolke Stroboskop-Licht, Rauch und New-Wave-Sound aus dem
M1 heraus gespült.
ALEX: Wie hoaßt die?
BAUM: Helga hoaßt 's.
ALEX: Helga? Die is ja a Wucht!
BAUM: Ja freilich ist die der Wahnsinn.
MIKE (erstaunt, verblüfft): Ja Kati? Was machst'n du da?
   Seine Freunde gehen weiter. Kati ist mit einem Schlag schüch-
tern. Glücklich. Sprachlos.
KATI: Naja, schau'n halt.
Selig lächelt sie ihn an. Mike ist hin und her gerissen. Eigentlich
hat er keine Zeit. Offensichtlich. Jo kann's schier nicht mit an-
sehen.
   MIKE: Ähm – wir fahr'n noch nach Minga … Kommt's mit!

KATI: Nach Minga? Aber jetzt hama doch schon zwei!

Kati wirft einen besorgten Blick zu Jo. »Niemals!« sagt Jos Geste ganz deutlich.

MIKE: Is doch wurscht, des wird g'wiss a Gaudi! Der Baum und der Alex kemman a mit.

KATI: Ja, aber … I muass doch … in der Früh daheim sein.

Das sagt sie leise. Bedauernd. Hoffend.

MIKE: I hob's hoid scho ausg'macht. Bist mir nicht bös oder?!

KATI: Nana, – vielleicht kommst ja morgen zum Top-Six-Cup?

Mike wirft einen Blick über die Schulter. Alex lässt schon die Scheinwerfer seines Alfa Romeo blinken. Mike nickt ihm zu: Komm gleich.

MIKE: Ja, klar. Wann geht'sn los?

KATI: Wenn's dunkel is. Wenn die Sternschnuppen fallen.

MIKE: Ja, alles klar. Ich hab halt vorher noch die Spielerbesprechung … Aber dann!

ALEX: Jetzt auf geht's Mike, Pack mas!

MIKE: Jaa.

BAUM: Wird des no was heit, he? Oiwai des gleiche! Du, i hab an Durst!

MIKE: Also, wir seh'n uns. Gell? Pfiade.

KATI: Pfiade.

MIKE zu JO: Pfiade.

Kati steht da wie vom Stromschlag getroffen. Mike läuft los, lächelnd, fängt dabei aber einen Killer-Blick von Jo auf. Lautlos lässt sie ihn ihre zornigen Lippen lesen.

JO (flüstert): Die hat Geburtstag …

Mike kehrt um. Er gibt Kati einen Antonio-Banderas-ist-ein-Scheiß-gegen-mich-Kuss. Und einen Ring gibt er ihr. Einen von seinen fünf die er an den Fingern hat.

MIKE: Bevor i's vergess'. Ois Guade zum Geburtstag!

KATI: Oh, Danke.

MIKE: Pfiade.

KATI: Pfiade.

Dann flüstert er ihr noch ins Ohr.

MIKE: Und dann schlaf ma mal miteinand, gell!

Er geht los, dreht sich noch mal um und stolpert, beim Versuch wie Clarc Gable zu zwinkern. Auch ein Mike kann mal weiche Knie bekommen.

Mike verschwindet im Dunkel der Nacht auf dem Parkplatz. Jo marschiert bereits zur Bundesstraße hinaus. Kati tappst ihr wacklig hinterher.

28. EXT. LANDSTRASSE AICHACH – NACHT

Jo marschiert voraus, die Straße entlang in die Dunkelheit. Kati spielt mit ihrem Ring.

JO: Was war'n *des* jetzt?

KATI: Ha. Jetzt hab' i einen Ring.

JO: Ja, super.

KATI: Jetzt sama richtig zam!

JO: Anscheinend!

Jo geht rückwärts und hält den Daumen raus. Endlich kommt ein Auto. Doch es fährt erbarmungslos vorbei.

KATI: I … I woaß gar ned, was i sag'n soll …

JO: Ja, i aa ned.

Jo geht immer noch rückwärts und versucht zu trampen. Ein Auto fährt vorbei. Noch eins. Jo ist stocksauer auf Kati.

KATI: Jetzt bin ich echt verliebt, Jo.

JO: Bist du no' ganz sauber??

KATI: Was denn?

JO: Ja, *siegst* du des ned??

KATI: Was na?

JO: Dass dein Mike ein elendiger Wixer is.

KATI: Naa.

JO: Naa? Der schaut di' ned amal an.

KATI: Ja aber – er hat doch zu mir g'sagt, dass … dass

JO: Bist du blöd? Der hat vielleicht mit dir g'sprochen, weil du plötzlich da g'standn bist, aber glaubst der rührt auch nur a bissal seinen Arsch, um zu dir zu kommen? Vergiss es!! *Der nutzt dich bloß aus!!!! Und dem is es auch scheißegal wennst du nach Amerika gehst!*

KATI (beleidigt): Du Jo! Du bist doch bloß eifersüchtig, weil ich nicht mehr so viel Zeit für dich hab.

Das hat getroffen!

JO: Was? – Du, woaßt wos Kati, leck mich doch kreuzweis' am Arsch!

Der Kati tut sofort leid was sie gesagt hat, aber jetzt weiß sie auch nicht so genau, wie sie das wieder gut machen soll. Die beiden marschieren. Jo vorneweg. Kann vor Wut nix sagen – der Kati tut es unendlich leid.

KATI: Jo … Jo!

Aber keine Reaktion von Jo. Auf der stockdunklen Landstraße nähern sich langsam Scheinwerfer. Das Auto ignoriert Jo, und es fährt weiter.

JO: Super. Genauso hab ich mir das vorg'stellt: Die ganze Nacht hatschen! Des is doch zum Kotzen, is des!

KATI: Schmarrn Jo, da nimmt uns schon no jemand mit!

Jo haut mit dem Fuß in einen Straßenbegrenzungspfosten.

JO: Ah … Oh Mann!

29. EXT. STRASSE / FELDWEG – MORGENDÄMMERUNG

Der Tanderner Kirchturm spitzt hinter dem Hügel heraus. Der Mond rutscht hinter die schwarzen Fichten, der Himmel wird langsam durchsichtig blau. Wie ein See liegt der Morgennebel in der Senke. Ein Reh hebt den Kopf aus dem knietiefen Gras. Die Erde dampft über dem dunklen Acker. Die ersten Vögel fangen an zu zwitschern, als Kati und Jo quer über die Wiese laufen.

Der Tau zeichnet ihre Spur auf den Hügel. Kati und Jo gehen nebeneinander den Weg am Wald entlang. Bzw. Jo geht. Kati hatscht. Jo wieder vorne weg. Kati holt ein, verliert wieder den Anschluss und so weiter. Kati fühlt sich schuldig. Irgendwann ist es aber auch der Jo zu blöd, solange kann sie ihrer besten Freundin nicht böse sein, und letztendlich ist es ja auch schon wieder lustig, dass sie hier so durch das Morgengrauen marschieren. Sie fangen an heim zu »tanzen«.

30. EXT. WALDWEG – MORGENDÄMMERUNG

Am Waldrand steht ein Auto.

KATI: Du, des is doch das Auto vom Theo!

Ein Kopf taucht von der Rückbank auf und schaut genau in ihre Richtung. Theos Kopf. Und das Bein einer Frau. Weiße Haut. Theo (im Auto): Na komm, dreh di mal her.

JO: Des *is* der Theo.

Kati geht schnell weiter.

KATI: Oh mein Gott, is mir das peinlich.

JO: Wieso dir?

KATI: Naa, es gibt Sachen, die dat' i lieber nie wissen.

JO: Ha, ha. Is doch super.

Kati schüttelt voller Unglauben den Kopf. Bei Theos Auto bleibt ihre Illusion von der heilen Welt zurück. Auf den Müll geworfen unter den Ästen einer alten Tanne. Aber sie lacht. Sie hat 1000 Gründe zum glücklich sein: Jo streitet nicht mehr mit ihr.

31. EXT. MILLIBANKERL / HOF JO – MORGENDÄMMERUNG

Das Morgengrauen schimmert schon am Horizont, als die Mädels das Dorf erreichen.

Kurz vor Jos Hofeinfahrt kommen sie am Milibankal vorbei. Dort hängt ein Wahlplakat mit Grinse-Helmut.

32. INT. HAUS KATI – MORGEN

Kati schläft wie tot auf ihrer Behelfs-Matratze. Die Mama kommt leise zur Tür herein. Vorsichtig macht sie die Balkontür auf. Katis Mantel hängt draußen und stinkt nach Rauch.

Die Mama findet ein zerdätschtes Päckchen Zigaretten in der Tasche. Traurig betrachtet die Mama ihren Engel. Ihren vermeintlichen Engel.

32. EXT. HAUS KATI – TAG

Ein heißer Sommertag. Ein Traktor mit leerem Anhänger fährt zur Wiese hinunter. Kati sitzt mit ihrem Opa auf dem Traktor. Sie hat Augenringe bis zu den Knien. Gestenreich erzählt der Opa etwas. Kati lacht.

33. EXT. WIESE – TAG

Katis Papa und Mama sitzen auf der Wiese auf einem Heuballen. Die Heugabeln haben sie in den Boden gespießt. Hinter Ihnen steht ein zweiter Traktor.

Der Opa lenkt den Traktor auf die Wiese zwischen den gepressten Heuballen durch. Es schaukelt und rumpelt. Der Opa kneift Kati in den Arm, und sie haut ihm auf die Finger. Als Kati vom fahrenden Traktor springt, gibt er ihr einen Klaps auf den Hintern. Gelächter Opa und Kati.

KATI: So. Der Opa und i, wir haben beschlossen, dass wir jetzt Brotzeit machen

VATER KATI: Was, was, was, was, was! Jetzt schau'ma erst, dass ma da fertig werden, bevor a Wetter kommt.

Der Opa macht den Traktor aus. Katis Papa spießt gleich einen Heuballen auf und wuchtet ihn über Kopf auf den Anhänger.

OPA KATI: Da kimmt doch koa Wetter ned.

VATER KATI: Woher magst du des jetzt scho wieder wissen?
OPA KATI: Ja weil i des woass.
VATER KATI: Mir schau'n, dass ma des Zeug nei bringen. Eier Brotzeit krigt 's no früh gnua.
Der Opa lässt den Traktor wieder an und fährt in Schrittgeschwindigkeit von einem Ballen zum nächsten. Der Papa und Kati gehen nebenher und spießen Heuballen auf den Hänger. Die Mama recht das lose Heu zu Haufen zusammen. Katis Arme sind schon lahm vor Anstrengung. Ein Ballen fällt ihr von der Gabel.
KATI: Scheiße.
VATER KATI: Jetzt tu halt ned gar so wild umeinand'.
KATI: Ich mach scho!
Kati rammt die Gabel den Ballen. Reißt an und stemmt den Ballen über Kopf. Schon wieder fällt er runter.
VATER KATI: Du verlierst ja die Hälfte.
KATI: Dann kann i's halt ned besser.
VATER KATI: Kaum musst was arbeiten, lässt d'Lätschn hänga!
KATI (leise zu sich): Ach, hau doch ab.
Noch einmal wuchtet Kati den Ballen hoch.
VATER KATI: Was hast g'sagt?
KATI: Nix.
VATER KATI: Was hast g'sagt? Was du g'sagt hast?
Kati starrt auf den Boden. Der Anhänger ist voll.
OPA KATI: Geh, Kati komm, pack ma's.
Kati klettert auf den Traktor.

34. EXT. FELDWEG – TAG

Der Opa fährt den Traktor ruhig und geschickt über die löchrige Sandstraße.
OPA KATI: Muasst di scho a bissl zam 'reißen mit'm Vater.
KATI: Ach.

OPA KATI: Muasst halt a amal s' Mäu halten.

KATI: Aber das is nicht fair.

OPA KATI: Fair oder ned fair, des is wurscht. So redt' ma ned mit'n Vater und aus.

KATI: Aber er mit mir, oder?

OPA KATI: Mei, des Recht hat er. Lass'n halt reden.

Kati erspäht eine Schachtel Zigaretten hinter Opas Traktorsitz. Sie nimmt sich eine und zündet sie an.

OPA KATI: Ha! Du bist ma scho a so a Bixn.

Der Opa zwickt Kati in den Oberschenkel. Kati klopft ihm auf die Finger und achtet nicht weiter darauf.

35. EXT. STALL – TAG

Der Traktor mit dem Hänger voller Heuballen steht vor dem offenen Speichertor über dem Stall. Katis Papa steht wacklig auf den Ballen im Wagen und wirft sie zum Speicher hinüber. Kati und ihr Opa fangen sie abwechselnd auf und bringen sie weg. Katis Vater riecht die Zigaretten.

VATER KATI: Hast du scho wieder g'raucht?

Kati sagt nichts. Demonstrativ wuchtet sie den schwersten Heuballen herum.

VATER KATI: Ob du g'raucht hast!

KATI: Und wenn?

VATER KATI: So lang' du meinen Kühlschrank leer frisst, werd ned g'raucht. Ansprüche haben wie sonst wer, und dann rumstehen und rauchen wie ein Schlot.

KATI: Bald friss i ja dein' Kühlschrank nimmer leer. Bald bin i in Amerika.

VATER KATI: Geh! Amerika.

KATI: In *Amerika* mach' ich die Aufnahmeprüfung für's College.

VATER KATI: Wenn des ned amal mehra Sprüch' san!

KATI: Es is *mein* Leben.

VATER KATI: Nächtelang fort rennen, meinen Wein zam saufen und stundenlang telefonieren – das ist dein Leben!

KATI: Weißt du, was ich mich frag? Warum schmeißt du mich eigentlich nicht raus, wenn ich dir so lästig bin?

Vor Wut wirft Kati die Heugabel weg. Krachend fliegt sie auf den Boden.

VATER KATI: Heb' des sofort wieder auf.

KATI: Jawoll, Herr General, zu Befehl, Herr General!

Kati kickt die Gabel mit dem Fuß, so dass sie ihr wieder in die Hand springt. Ihr Vater kommt auf sie zu geschossen und bleibt dicht vor ihr stehen. Seine rechte Hand hat er nach hinten weg gestreckt.

KATI (brüllt): Was is'n? Hau doch zu, du Arschloch!

Er haut nicht zu.

VATER KATI (leise): S' Furtgeh' kannst dir heut streichen. Hilfst der Mama bei der Wäsch' und mähst den Rasen. Und ich will nicht hören, dass irgend was ned g'macht ist.

Ohne ein weiteres Wort dreht er sich um und verschwindet in seiner Werkstatt. Der Opa ist die ganze Zeit daneben gestanden. Jetzt merkt Kati, wie er sie anschaut.

KATI (zum OPA): Was is'n?

Der Opa stellt seine Heugabel weg.

OPA KATI: Wann geht's n los?

KATI: In zwei Wochen.

OPA KATI: Hm. Ach so.

Der Opa arbeitet schweigend weiter.

KATI: Hm.

36. EXT. SPORTPLATZ – NACHT

Der Vollmond steht über dem Fußballplatz. Es ist der dreizehnte September 1993. Die Nacht der Sternschnuppen. Der FC Tan-

dern feiert mit dem einzigartigen *Tanderner Top-Six-Cup* sein
100jähriges Bestehen. Die Wiese neben der Straße zum Sportplatz ist voll geparkt mit Autos. Auch der BMW von Katis Eltern
steht auf der Wiese. Kati und Jo schleichen im Mondschatten
zum Zelt hinauf. Auf einer Seite des Bierzelts sind die Planen
zurück geschlagen. Das ganze Dorf ist im Bierzelt versammelt.

Auf der Bühne stehen ALBERT RIEBLINGER und KURT
PROTT, alias »Xanadu«, die Unterhaltungs-Band aus Tandern.
Mit Soundkonserve, Keyboard und Gitarre werden sie den
ganzen Abend das komplette Repertoire der alten Bierzelt-Rei-
ßer auffahren. »Schön war die Zeit«, »Marmor, Stein und Eisen
bricht«, »Rote Lippen soll man Küssen«. Dazwischen ertönen
die bierdurchtränkten Stimmen der Tanderner Fußballer: »Immer wiiieder, immer wiieder, immer wieder FCTeeeee …«

Der Salvenrieder Edi schenkt vor dem Zelt Mass'n aus und
grinst sein Solarium-gebräuntes Lächeln.

Kati und Jo bewegen sich unauffällig näher zum Zelteingang.
Kati späht konzentriert über die Köpfe im Zelt.

JOS VATER (O.S.): Ja, aber wie i dann dazua kemma bin, des
darfst ned sagn, ha? Da war i aber dabei, ha?

KATIS VATER (O.S.): Ja, aber du bist immer z'weit vorn
g'wesen. Weit, weit … Viel z'weit vorn.

KATI: Wo san'sn?

Da sieht Kati ihre Eltern an einem der Biertische sitzen. Jos
Eltern sitzen auch dabei.

JO (flüstert): Da! Da sitzen 's, aber mit 'm Rücken zu uns.

Katis Papa redet auf Jos Vater WALTER ein. Dabei wirft er die
Arme hoch und hackt mit dem Zeigefinger fast die Tischplatte
durch.

KATIS VATER: Aber du bist immer z'weit vorn g'wesn. Weit,
weit … Viel z'weit vorn.

KATI (flüstert): Jetz redt er über Fußball. Des is super, des
dauert ewig!

JO: Wenn mei Vater dabei sitzt scho gleich zwei Mal. Komm, jetza pack mas!

Die Schmiedwirt's Rosi trägt einen Stapel Teller mit abgefressenen Knochen drauf an den Tischen vorbei und schnupft einmal kräftig zur Bestätigung.

Kati und Jo kommen beinah unbemerkt am Zelt vorbei. Am Eck dreht die Stenzel Helga (mit unglaublichem Bauch) eine Sau am Grill. Sie setzt ihr Schlachtmesser an der Sau an.

STENZEL HELGA: Kati, was machst'n du do?

KATI: I bin bloß kurz do. I wollt a bisserl schaun.

STENZEL HELGA: I sog scho nix am Papa! Frauensache. Mogt's a Fleisch?

KATI: Na, danke.

STENZEL HELGA: Die Jugend …

JO: Die arme Sau!

KATI: Wer?

JO: Na *die* halt.

KATI: Ach so!

Schnell verschwinden die Mädels hinterm Zelt.

37. EXT. SPORTBARRACKE – NACHT

Vom Bierzelt her schallt »Sieeeerra, Sieeerra Maaaadre suuuuuu …« Die Mädels gehen auf die alte Sportheim-Baracke zu. Über der Tür brennt eine schwache Glühbirne. Ein Transparent mit der Aufschrift *Klärbeckenkombo* hängt an der Wand.

Kati drückt sich eng neben Jo und nimmt ihre Hand. Aufgeregt ist sie. Sie sucht die Dunkelheit nach einem bestimmten Lächeln ab. Ferdl hockt vor der Baracke und zupft auf seiner Gitarre. Der Toni, der Hatsch und der Elvis stehen mit leeren Masskrügen um eine Feuertonne. Der Lou beißt in eine Rollbratensemmel.

Rocky kommt mit fünf frischen Mass aus dem Bierzelt und verteilt sie an die Jungs.

ANITA, PETRA und MARIA nicken Kati und Jo höflich, aber distanziert zu. Kati und Jo passen nicht zu den anderen Mädels aus dem Dorf. Keine Strähnen. Kein Verlobungsring.

Kati und Jo setzen sich auf den Zaun vor der Baracke. Prüfend schaut Jo in den Himmel.

JO: Servus Paul!

PAUL: Griaß eich!

KATI: Servus!

JO: Servus Rocky!

ROCKY: Hi Kati!

KATI: Servus!

»Xanadu« spielen den »Zillertaler Hochzeitsmarsch«. Da kommt Rocky an den Zaun, in dieser Sternennacht und nimmt Kati bei der Hand. Kati und Rocky rasen zum »Zillertaler Hochzeitsmarsch« über das ganze Spielfeld. Katis Blick schweift suchend herum. Und findet nicht den, den sie sucht. Herzklopfen hat sie.

ROCKY: Komm, jetzt tanz ma no oan?

KATI: Aber du musst doch jetzt spieln, oder?

ROCKY: Ach. Die baun noch auf, komm!

JO: Ich geh Sternschnuppen schaun!

ROCKY: Komm!

KATI: Huch.

ROCKY: Ah, wo is'n der Mike heute?

KATI: Fußball …

ROCKY: Aber ihr seid's doch zam?

KATI: Jaja! Nach der Spielerbesprechung kommt er ja!

ROCKY: Des muss i ausnützn oder?

Rocky wirbelt Kati herum. Sie werden immer schneller. Vor lauter Schwung stolpern sie über ihre eigenen Füße, rappeln sich wieder hoch und tanzen weiter.

Im Hintergrund zieht Ferdl eine Box und ein Verstärker-Kabel aus der Baracke. Der »Zillertaler Hochzeitsmarsch« ist zu Ende. Einen kurzen Augenblick stehen Kati und Rocky verlegen da.

KATI: Puh …
ROCKY: Danke für den Tanz.
KATI: Jederzeit.
ROCKY: Abg'macht?
KATI: Einer für alle –
ROCKY: Immer und ewig.
KATI: Falsch: alle für einen.
Rocky schaut voller Herzschmerz seine Kati an.
KATI: Ich muss jetzt dann, gell!
Kati geht zurück zum Zaun. Jo hat das Geschehen am Himmel beobachtet. Eine Sternschnuppe fällt.
KATI: Servus Lou!
LOU: Griaß di.
KATI: Griaß eich.
JO: 28.
KATI: Wo's?
JO: Sternschnuppen.
Kati schaut auch in den Himmel. Doch mehr schaut sie zum Bierzelt.
JO: Der Lugge??
KATI: Wo??
JO: *Suchst* an Lugge, moan i.
KATI: I? – Naa! Naa, naa. Der Mike kimmt ja heit wahrscheinlich no.
JO: Ach so.
Ferdl hängt sich die Gitarre um den Hals. Der Elvis und der Toni tun es ihm gleich. Toni beobachtet Jo.
FERDL (ins Mikro): Beste Band?
ALLE: Klärbeckenkombo!!!
Die Klärbeckenkombo (Ferdl – Gitarre und Gesang, Elvis – Gitarre, Toni – Bass, Rocky – Schlagzeug) haut in die Saiten: »Bestes Schwermetall«.
Jo beobachtet weiter die Sterne. Kati klatscht begeistert mit

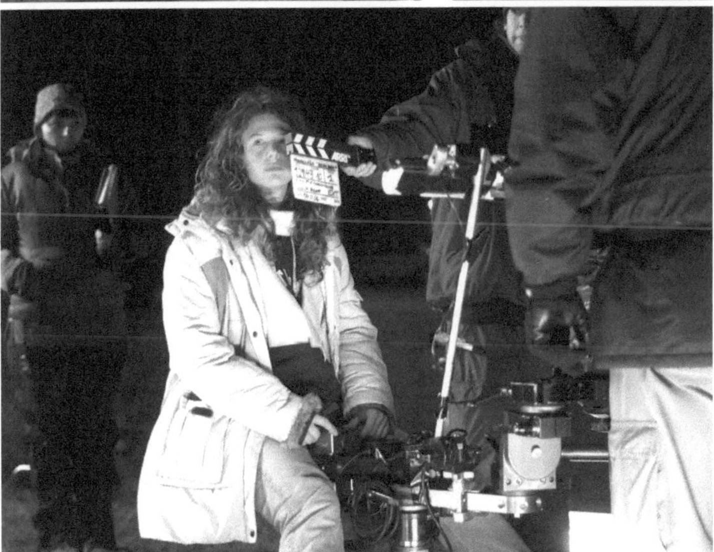

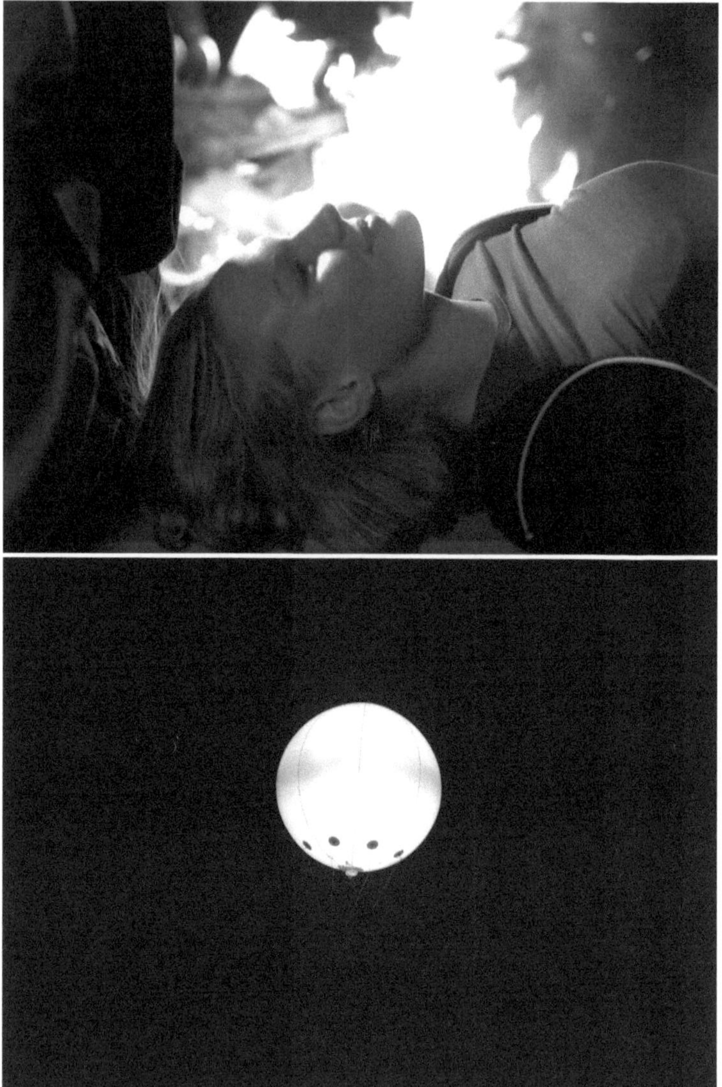

den Händen in der Luft. Eine Sternschnuppe fällt. Der Verstärker pfeift. Rocky lacht dreckig hinter seinem Schlagzeug. Elvis kichert neben sein Gitarrenmikro.

FERDL: Yeah! So, jetz spuin ma unsern – Good-Bye-Song für'n Lugge! – »Pfiade«.

Ferdl spielt einen schräg-sentimentalen Akkord. Die Intro vom »Pfiade-Song«. Er spricht ganz nah ins Mikro.

FERDL: Luke-Son! Geh amal her! Luke-Son! Lugge! Hey Lou, wo is'n der Lugge?

LOU: Der Lugge, der ist doch heut Nachmittag schon abg'haut.

FERDL: Echt, die Drecksau! Na guad. Wenn er moant, dass wo anders besser is, dann kemma ihm a ned helfa. Da wird er ganz schee was versamma!

(singt) Servus – Pfiade – Servus – Pfiade – Hau ab – Geh her – Hau ab – Geh her – Pfiade – Servus – Pfiade – Servus – Pfiade – Servus – Pfiade – Servus

Kati weicht das Blut aus den Knien. Ihr bleibt die Luft weg. Ihre Ohren surren. Alle Anzeichen von großen Gefühlen hat sie. Der »Pfiade-Song« ist haarsträubend. Schweigen. Ein kurzer Blick zwischen den Mädels genügt. Sie gehen.

38. EXT. HOF – NACHT

Der Bus rollt die sandige Auffahrt hinunter zum Feldweg.

39. EXT. FELDWEG / LANDSTRASSE – NACHT

Der Vollmond steht gelb am Horizont. Der Hinterlandhimmel schimmert hellblau hinter der Silhouette des rasenden VW-Bus. Mit offenen Fenstern und Fernlicht brettern Kati und Jo über den Feldweg.

Heute kennt Kati keine Gnade. Alles ist Vollgas. Der Lugge ist weg. Zack. Einfach so.

JO: Du Kati, wennst di umbringa mogst, i steig am Daumiller Berg aus, gell.

KATI: Hey, es kannt sei, dass mir des nie wieder macha! Checkst du des? Es kannt' sei, dass alles anders werd. Dass alles zambricht. Dass alle weg gehen! Es kannt sei, dass die besten Zeiten jetzt vorbei san! Mann – gib dir des amoi!

JO: Die besten Zeite san au glei vorbei wenn du so weiterfahrst! Weil dann fahrn wir nämlich gleich in den nächsten Baum eini!

KATI: Jetzt Jo, jetzt relax di amal! I hab ois im Griff. Des is a Spaß.

Darauf kann Jo auch nichts mehr sagen. Kati gibt noch ein bisschen mehr Gas.

40. EXT. HOF – NACHT

Der Bus kommt auf die Hofeinfahrt zu geschossen. Kati bremst ab. Der Weg ist frisch mit Sand aufgeschüttet. Aufg'rissen, aber noch nicht zugeteert.

Da macht Kati den Fehler. Zu schnell dran. Sie lenkt den Bus zu weit rechts in die Einfahrt. Und die Reifen versinken im Sand. Hoffnungslos.

JO: Kati!!! Was war'n dann des jetzt wieder? Des is fei koa Spaß mehr, gell! Des is fei g'fährlich! Scheiße!!

KATI: Jetzt drah halt ned durch.

JO: Ja, super! Ja siehst es!

Kati gibt Gas. Die Reifen drehen durch.

Verzweifelt legt Kati noch einmal den ersten Gang ein. Sie schließt die Augen und gibt Gas. Sie versucht es mit Gefühl. Sie versucht es mit Vollgas. Die Reifen graben sich nur immer tiefer ein. Es geht nichts vorwärts und nichts rückwärts. Das Motorengeräusch und das Scharren der Reifen im Dreck ist meilenweit zu hören.

Beim Nachbarn im Haus gehen die Lichter an.

KATI (flüstert): Scheiße, der Theo.

Kati würgt den Motor ab. Macht die Scheinwerfer aus.

JO (flüstert): Wo?

KATI: Da, da oben am Fenster. Herzlichen Glückwunsch, Kati. Jetz is' aus.

JO: Was macht'n der da?

KATI: Des is mir egal. Irgendjemanden anrufen vielleicht. Die Feuerwehr. Oder die Bullerei. Des is mir völlig wurscht, was der jetzt macht. Vielleicht strickt er ja auch was, weil er nicht schlafen kann, Vorhänge für sein neues Auto vielleicht ... Tut mir Leid, Jo.

JO: Passt scho. Schau hie, der steht bloß umanand.

Kati startet den Motor wieder. Sie legt den Rückwärtsgang ein – Gas, den ersten Gang – Gas ...

Das Licht bei Theo geht noch einmal an. Kati lässt vor Schreck den Motor absaufen. Sie umklammert das Lenkrad. Fieberhafte Stille. Theo macht das Fenster auf.

THEO: Da wird sich dei Vater aber g'freun wenn er des erfährt!

JO (flüstert): Scheiße.

Kati lehnt sich aus dem Fenster.

KATI: Ja Theo, dann wird sich deine Frau aber auch g'freun wenn sie erfährt was du während deiner Frühschicht so treibst!

THEO: Sog amoi, du Rotzbübbn.

Aber weiter kommt er nicht, weil hinter ihm die Türe aufgeht und seine Frau reinkommt.

ELFI: Was ist denn da los?

THEO: Nix Mausi.

Der Theo zieht die Vorhänge zu. Die Mädels atmen zitternd durch.

JO: Respekt!

Kati lächelt stolz.

JO: Und jetzt?

41A. EXT. HOFEINFAHRT KATI – NACHT

Zeitsprung: Kati und Jo begutachten noch einmal die Tiefe der Scheiße, in der sie stecken. Bis zum Unterbau im Sand. Jo legt Bretter unter die Reifen. Kati gibt Gas. Doch die Reifen rutschen nur auf dem Brett, bis das Brett auseinander bricht. Jo lässt die Arme hängen und schaut zum Himmel. Eine Sternschnuppe fällt.

JO: Kati, des kannst vergessen! Was mach ma'n jetzt?
KATI: Jetzt schau ma mal ob der Mike nicht seinen Arsch her bewegt.
JO: Wo is er denn grad?
KATI: Beim Fußball, bei der Spielerbesprechung.
JO: Dann kannst' es eh vergessen.
KATI: Naa. Weil vielleicht wäre er gekommen und ich hab bloß nix gesagt.
JO: Also wenn er kimmt und uns dann naus zieht, dann is' er echt ein Held, und ich nehm alles zurück!
KATI: Dann is alles anders. Dann kann ich ja gar nimmer anders. Dann, dann is' Liebe … Dann scheiß ich auf Amerika und bleib' da.
Jo verdreht die Augen.
JO: Wos?
KATI: Dann scheiß ich auf Amerika und bleib da!

42. INT. HAUS KATI – NACHT

Kati setzt sich beschwörend vors Telefon.

KATI: Liebe Maria, Mutter Gottes, mach, dass er herkommt. Ich würd' so gern einen Helden lieben. Danke.
Katis Puls ist nahe an 200. Die Stunde der Wahrheit. Sie wählt.
KATI: Ich liebe ihn jetzt schon über alles!
Am anderen Ende der Leitung nimmt jemand den Hörer ab.

TRAINER (im Hintergund): Bleib in der Defensive, dann krieg ma koane Probleme. Ja. Rechts hats eigentlich super passt ... (redet im Hintergrund weiter)
FERDINAND: Sportgaststätte Il Campo.
KATI: Ja, Grüß Gott. Ich wollt gerne mit dem Mike Kronen sprechen, bitte.
FERDINAND: Der is in der Spielerbesprechung.
KATI: Es ist aber wichtig. Können Sie ihn holen bitte?
FERDINAND: Sei mir ned bös. Aber des is ned möglich. Rufst später no mal an.
Ferdinand legt auf. Kati wird blass. Sie wählt noch einmal.
TRAINER (im Hintergrund): Nix o'brenna lassen, weiter so. Was mir ablsolut ned passt: Im Zentrum ... (redet weiter)
FERDINAND: Sportgaststätte Il Campo.
KATI: Ja. Grüß Gott, jetzt is später, ich wollt den Mike Kronen ...
FERDINAND: Sag amoi. Red ich chinesisch? Du sollst später noch mal anrufen!
KATI: Naa! Es is wichtig. Es geht um Minuten. Eigentlich geht's um's ganze Leben.
FERDINAND: Oha. Hey Mike, Telefon!
Ferdinand legt den Hörer weg.
TRAINER: Ja Mike, geh kurz! Lass die ned ausm Zentrum locken. Der lässt si' fallen und was machst du? Du grabscht m jedes Mal mit. Und am nächsten Spieltag ... redet weiter.
Kati hört entfernte Stimmen durch den Hörer und das Gelächter von Männern. Jemand nimmt den Hörer.
MIKE: Ja, hallo?
Kati murmelt mit ihrer »James-Dean-ist-ein-Dreck-gegen-mich-Stimme« in den Hörer.
KATI: Hi, ich bins.
MIKE: Wer?
KATI: Kati.

MIKE: Ja, was is'n?
KATI: Ich hab' an Bus in' Sand gesetzt.
– Und der Mike? Der Held? Was sagt er?
MIKE: Ja, sag mal, spinnst denn du! Mei, euch Frauen wenn man ans Steuer lässt
– sagt er. Die Liebe bröckelt. Löst sich auf in Unverständnis und bittere Enttäuschung.
MIKE: Du, ich bin noch bei der Spielerbesprechung.
Kati zieht die Telefonschnur in die Länge. Ihre James-Dean-Stimme weicht einem kläglichen Piepsen.
KATI: Ich hab 'dacht, du könntest jetzt vielleicht herkommen?
BAUM: Ferdl, gibt's ma no a Hoibe, bitt 'schen.
MIKE (murmelt neben den Hörer): I nehm' auch noch eine.
BAUM: Zwoa.
MIKE (zu Kati): Du, ich hab' gar kein Auto ned da … ich wollt' eigentlich eher morgen bei dir vorbei schaun …
Kati atmet leise aus, aber nicht mehr ein.
MIKE: Wo steht'n der Bus?
KATI: Bei mir vor der Haustür.
MIKE: Du … i … i
TRAINER: Mike, hast auch mal wieder Zeit für uns?
MIKE: Ich weiß jetz auch nicht. – Ich muss jetzt dann wieder weida … Bist ma ned bös, gell?
KATI: Na, passt scho. Ciao.
Der Trainer ruft den Mike.
MIKE: Seh ma uns morgen. Ciao.
Kati legt auf.

43. EXT. HOF – NACHT

Vollkommen sauer kommt Kati aus dem Hof.
JO: Und?
KATI: Konn ned. Spielerbesprechung.

JO: So, was hab ich denn g'sagt?
KATI: Und außerdem hat er kei Auto ned.
JO: So, unser Held hat kei Auto ned plötzlich.
KATI: Na, hat kei Auto ned. Und außerdem san ma ja selber Schuld, weil Frauen dürfen ja ned ans Steuer.
JO: Super, und was mach ma jetzt?
KATI: Was ma jetzt machen? Keine Ahnung was ma jetzt machen!!! Frauen dürfen ja ned ans Steuer, gell ... Dem Wixer zoag i's jetzt. Oamal! Oamal wenn i in meinem Leben amal a Hilfe brauch, dann kommt koana!

Sie steuert auf den Laster ihres Vaters, schnurrstracks zu und hockt sich rein, Jo folgt ihr, bleibt aber im Hof stehen.

JO: Kati! Was machst'n jetzt wieder?
KATI: Was i jetzt mach? Ausazieh'n tu i'n.
JO: Kannst du des?
KATI: Konnst du des, konnst du des. Du moanst, bloß weil i a Frau bin kann i des ned oder was? Du red'st ja scho genau a so wie der Mike Kronen. So a Scheiße, des kotzt mich vielleicht an. Oh Gott!
JO: Ja um Gott's Wuin!
KATI: Oh Gott! Geh halt! Oh Mann!

Kati lässt den Lastwagen an, echauffiert, wohl auch ein wenig abgelenkt aufgrund ihrer Rage, und fährt den Laster rückwärts in die Garage, in den Meter Abgrund hinein. Jo hält sich beide Hände vors Gesicht, denn sie möchte nicht sehen, was sie gerade sieht. Kati kurbelt nahezu unter Schock und staubtrocken das Fenster runter und meint dann lapidar:

KATI: Oh Gott welcher Trottel hatt'n jetzt da an Rückwertsgang drin g'habt? Des gibt's doch ned!
Woast wos, jetzt hol' ma mal an Rocky!
JO: Ja.

44. EXT. HOFEINFAHRT KATI – NACHT

Schneidig fetzt Rocky auf seinem Moped die Straße runter und fährt zur Unfallstelle 1. Er sieht den Bus im Loch stehen. Er steigt aus, sagt nichts. Mit einem Blick erfasst er die Situation. Er geht einmal um den Bus herum. Die Mädels folgen ihm.

JO: Rockyyyyyy!

KATI: Ah, Mensch Rocky, da bist ja endlich!

ROCKY: Scheiß … Ah. Sorry, tut ma Leid, aber mei Auto is net o'gsprunga. Der Scheißkarrn da. Ja leck. Wie habt's an des g'schafft?

JO: Des is doch jetzt wurscht! Raus muaß a!

ROCKY: Puh. Des is leichter g'sagt …

KATI: Mensch jetzt sag bloß, des geht ned.

ROCKY: Ahhh …

KATI: Rocky …

ROCKY: Doch. Kimmt's! Kati, wir brauchen euren Lastwagen!

KATI: Rocky!

ROCKY: Was'n?

JO: Schwierig.

Die Mienen der Mädels verfinstern sich.

INNENHOF: Sie führen Rocky zum zweiten Desaster. Jetzt erst sehen wir was passiert ist. Der Laster steht mit der Hinterachse in der tiefergelegten Garage.

ROCKY: Wie habt'sn des g'schafft?

ROCKY: OK. Ihr rührts nix mehr an, bis ich wiederkomm. Is des klar?

KATI UND JO: Ja.

44. EXT. HOF – NACHT

Zehn ewige Minuten vergehen. Ein Auto fährt die Dorfstraße hinunter. Scheinwerfer leuchten schwach in den Hof.

KATI: Ich glaub's ja ned! Des is der Mike!

JO: Na, i glaub des san deine Eltern.

Schreckensbleich starren die Mädels sich an.

KATI: Dann konn i auswandern.

Das Auto fährt vorbei. Traurig schaut Kati dem fremden Scheinwerferlicht nach.

45. EXT. HOF – NACHT

Endlich hören sie ein dunkles Motorenknattern von der Straße her. Der riesige grüne MB-Trak vom Priglmeier Toni kommt auf sie zu wie ein Monster der Hölle. Und dahinter Rocky. Die Mädels werden ganz blass.

JO / KATI: Ooooh …

KATI: Oah, leck!

JO: Geil! Des is ja der Toni.

ROCKY: Servas! Und? Mit dem kriag man raus, oder?

KATI: Ja. Aber hoffentlich bevor, dass meine Eltern hoam kemma.

ROCKY: Deine Eltern! Mach dir keine Sorgen.

Rocky dreht um und fährt die Straße hoch.

46. EXT. KREUZUNG NÄHE HOF KATI – NACHT

Rocky fährt hoch bis zur Kreuzung. Steigt vom Moped und versteckt seine Brille.

47. EXT. HOFEINFAHRT KATI – NACHT

JO: Griaß di, Toni.
TONI: Servus.
KATI: Danke Toni, dass'd kommen bist.
TONI: Wir ham heut eh Scheiße g 'spuit. Auf amoi sans immer oi so sentimental.

Toni befestigt bedächtig zwei schwere Ketten, die er am MB-Trak hängen hat, vorne am Bus. Er steigt wieder in das Führerhaus seines Monsters. Er gibt gefühlvoll Gas, der MB-Trak brüllt auf, die riesigen Reifen drehen sich langsam, graben sich tief in den Kies. Nichts bewegt sich. Es ist entsetzlich.

Es ist dreiviertel zwei. Kati nimmt Jos Hand und drückt sie fest.

48. EXT. KREUZUNG NÄHE HOF KATI –   NACHT

Parallel dazu hält Rocky Katis Eltern auf und überredet die beiden mitzuhelfen, seine Brille wiederzufinden, die er hier verloren hat.

VATER KATI: Rocky, griaß di! Was machst'n du do?
ROCKY: Ah, ihr seid's es. Grüß Gott. I hab mei Bruinn verlorn.
MAMA KATI: Wos hat er?
VATER KATI: Er hat sei Bruinn verlorn.
ROCKY: Fahrt's amoi lieber ned weiter. Ned, dass ihr no drüber fahrt 's.
VATER KATI: Geht's so mit'm Licht?
ROCKY: Na, eher schlecht. I sig ja so schlecht ohne Bruinn.
MAMA KATI: Jetzt kimm. Steign ma aus. Hilft ja nix.
VATER KATI: Geh.
ROCKY: Mei Danke.
VATER KATI: Werst ma so oana sei.
MAMA KATI: Ja, wie kann man denn da sei Bruinn verliern?
ROCKY: Oh mei, saublöde G'schicht. Fragts ned.

49. EXT. HOF KATI – NACHT

Der MB-Trak brüllt auf, die Kette spannt sich mit einem Ruck.
Und jetzt geht was. Millimeterweise …
  JO: Ja, des is super!

50. EXT. KREUZUNG NÄHE HOF KATI – NACHT

VATER KATI: Also, seids ma ned bös.
MAMA KATI: Ja Rocky, des wird heit nix mehr.
VATER KATI: Bei Tageslicht, da find'sd es leichter, die blöde
Bruinn.
MAMA KATI: Ja. Jetzt schaust, dass Hoam kommst. Tust
halt langsam, dann passiert da scho nix.
ROCKY: Ähm … ähm … Sie, Herr Kropold?
VATER KATI: Ja?
ROCKY: Ham Sie mi grad beleidigt?
VATER KATI: Ha??
ROCKY: Ob Sie mich grad beleidigt hab'n?
MAMA KATI: Was hod an jetza?
ROCKY: Sie, des lass i mir fei ned g'foin, gell?
VATER KATI: Ja wos denn??
ROCKY: I hab 's doch genau g'hört, dass Sie grad blöder Bua
zu mir g'sagt ham!
VATER KATI: Sag amoi, hörst du jetzt schon schlecht ohne
Bruinn?
MAMA KATI: Jetzt hört's halt auf!
VATER KATI: Ja wieso i?
ROCKY: Na, hören tu ich nämlich noch sehr gut, gell!
VATER KATI: Des wird mir jetzt z' blöd. Jetzt fahr ma!
MAMA KATI: Pfiade!
VATER KATI: Der wenn jetzt ned glei weg geht, dann staub
i'n von der Straß.

MAMA KATI: Oiso da stimmt doch wos ned …
VATER KATI: Rocky, jetzt schleichst di! Sonst lernst mi kenna!
ROCKY: Ich geh da so lang ned weg, solang Sie sich bei mir entschuldigt haben, gell!
VATER KATI: Sag amoi, was hod'n der g'nomma?
MAMA KATI: Mei, jetzt entschuldig' di hoid.
VATER KATI: Ja, spinnst jetzt du a?
ROCKY: Da, scho wieder! I hab's genau g'hört.

51. EXT. HOF KATI – NACHT

Der MB-Trak schleift langsam den Bus hinter sich her, bis er wieder auf festem Grund steht. Geschafft!! Toni steigt vom MB-Trak und hängt die Ketten ab.
KATI: Super Toni! Danke!!!
TONI: Passt scho.

52. EXT. KREUZUNG NÄHE HOF KATI – NACHT

Rocky hört das Hupen des MP-Traks, ein Zeichen, dass die Aktion vorbei ist.
ROCKY: Ok, Entschuldigung angenommen. Guad Nacht dann, gell! Scheiß Ding do. Ich hasse es.

53. EXT. HOF KATI – NACHT

Katis Eltern biegen um die Kurve in den Hof und finden diesen in idyllischer Ruhe vor. Der betrunkene Papa meint sein obligatorisches »Hach, is bei uns schee ruhig!« Im Hintergrund sieht man im Dunkeln den Monstertruck stehen. Katis Eltern verschwinden im Haus und der Toni verschwindet samt Truck vom Hof. Er winkt noch den Mädels auf dem Balkon.

54. INT. WOHNUNG KATIS ELTERN / KÜCHE – NACHT

MAMA KATI: Oiso i geh jetzt ins Bett.
VATER KATI: I mach ma no a Wurschtsemmel.

55. INT. WOHNUNG KATIS ELTERN / KÜCHE – NACHT

Alles ist dunkel. Nur der Mond scheint in die Fenster. Katis Vater findet die Weinflasche auf dem Küchentisch. Leise macht er sie auf und schenkt sich ein Glas ein. Schmeckt ihm. Noch leiser öffnet er die Terrassentür und stellt sich unter Katis Balkon.
Oben reden die Mädels über Liebe.
KATI: Und wenn ich mi morgen hinleg' zum Sterben, und ich hätt' nichts versäumt. Das is Liebe.
JO: Des versteh i ned.
KATI: Is doch ganz einfach! Stell dir vor, du musst sterben, und merkst dass'd nix versäumt hast, des konn doch bloß bedeuten, dass man geliebt hat!
JO: Also jetzt wart, du meinst, wenn i mi jetzt morgen hinlegen dat zum sterben und mir tät nix mehr abgehn, dass des dann des Zeichen dafür wär, dass i geliebt worn bin!
KATI: *Naa*, dass *du* geliebt hast!
Jo lacht. Kati holt weit, bedeutend, mit den Armen aus.
JO: Ah, so! So ein Schmarrn.
KATI: Dann geh halt hin, küss einen, dann wirst es schon sehen, dass ich recht hab.
JO: Ja, ich schau, dass ich des noch schaff bevor dass i stirb.
Der Papa hört den Mädels eine Weile zu. Er lächelt und schleicht sich unbemerkt zurück ins Haus.

56 . INT. KATIS SCHLAFZIMMER – NACHT

Kati liegt in ihrem Bett, als sie plötzlich eine Stimme hört, es ist
der Mike:
  MIKE (Off): Kati! Hey Kati! Mensch Kati jetzt steh auf!
  Kati!

57. EXT. BALKON GARTEN – NACHT

Kati kommt auf den Balkon gerannt. Unter Katis Balkon tanzt
Mike in geschmeidigem Tangoschritt einen Kreis. Zwischen den
Zähnen hat er eine Plastikrose.
  KATI (flüstert): Mike, spinnst du?
  MIKE: Wo is'n der Karrn, i ziag'n raus!
  KATI: Mike, meine Eltern san scho dahoam! Du bist ja ver-
  rückt!
  MIKE: Ja, i bin verruckt! I bin verruckt nach dir! I bin ver-
  ruckt!!
  Mike hört nicht auf. Kati klettert vom Balkon. Mike macht
einen Handstand im Garten.
  KATI: Woasst wos? Komm du nächstes Mal wenn ma di
  braucht!
  MIKE: Zu Befehl Herr Hauptmann!!!
  Mike salutiert. Galant reicht er Kati die Plastikrose. Kati wen-
det sich ab. Mike reagiert. Schnell nimmt er sie am Arm und hält
sie zurück.
  KATI: Du bist so peinlich!
  MIKE:Was bist'n du so giftig?
  KATI: Peace, Soldat. Ciao!
  MIKE: Soldat-Soldat, das klingt ja greislig!
  KATI: Du erklärst dich bereit, Leute zu erschießen. Des *is*
  greislig.

MIKE: Das kommt quasi nicht vor. I studier' jetzt Medizin.
KATI: Tsss!
MIKE: Medizin is was Sinvolles, herrschaftszeitennochamal!
KATI: Dann geh zu ‚Ärzte ohne Grenzen' oder was woaß i!!!
MIKE: Die zahlen nix.

Kati bleibt bei offenem Mund das Brüllen im Hals stecken. Fassungslos schüttelt sie den Kopf und fasst an die Balkonstütze, um sich hinauf zu ziehen. Schnell steht Mike neben ihr. Er küsst sie zärtlich auf den Hals.

MIKE (flüstert): Es duat mir Leid.

Verunsichert steht Kati vor ihm. Sie zittert. Mike küsst ganz leicht ihre Lippen. Ihre Wangen. Ihren Hals. Seine Hände streicheln ihren Rücken. Seine Finger streifen sanft ihre Haut. Ach, Gott … Kati lehnt sich an ihn.

KATI: Du, Mike … nach den Herbstferien … da geh ich weg.

Mike knöpft Katis Jeans auf. Leise zupft er an dem rosa-türkisenen Satin-Band an Katis Unterwäsche.

KATI: Die is von der Tante Annie …

Mike will weiter machen.

KATI: … eiso nach Amerika.

MIKE: Hmmm.

Er macht weiter.

KATI: Was hmhm? Is des alles was du dazu sagst?

MIKE: Zu was'n?

KATI: Naja, dass ich nach Amerika geh.

MIKE: Du gehst nach Amerika? Du traust dich doch noch nicht einmal allein nach München?!

Er fummelt weiter. Sie drückt ihn weg. Plötzlich ertönt eine Stimme aus dem Hintergrund.

BAUM: He Mike, wie lang brauchst'n du noch?

KATI: Wer ist jetzt des?

MIKE: Äh, ja der Baum, i hob doch koa Auto g'habt, und wir wollten noch ins Crazy fahrn, und eigentlich wollt ich dich

fragen, ob du ned mitfahrn möchst.
KATI: Schleich di!
Sie dreht sich weg und klettert den Balkon hoch.
MIKE: Ja guad, dann, dann … dann lass uns morgen treffen!
KATI: Ja, wennst moanst.
Kati verschwindet im Haus.
MIKE: Scheiße!
Dann zieht er vom Hof.

58. EXT. NIEDERDORF BIERGARTEN – TAG

Toni, Rocky, Jo und Kati setzen sich an einen Tisch unter den Kastanienbäumen. Rocky und Toni winken den Fußballern vom Stammtisch zu. Man könnte den Eindruck haben, dem Toni wäre es das Liebste, man würde ihn hier nicht sehen mit den Mädels und so.
FUßBALLER: Servus Toni!
ROCKY: Wann müsst ihr daheim sein?
KATI: Gar nicht.
ROCKY: Ja wunderbar!
Jo steht auf und sucht nach Kleingeld.
KATI: Kaufst du Tschiks? Wart, ich hab auch zwei Mark.
JO: Nein, ich ruf schnell d' Mama an und sag, wo ich bin.
Jo geht in die Wirtschaft.
ROCKY: Ruf halt auch an.
KATI: Wer, ich?
ROCKY: Ja freilig.
KATI: Naa!
ROCKY: Pff. Du musst dir echt mal was überlegen mit dei'm Vater. So geht des doch ned weiter.
KATI: Der mog mi ned und fertig. Was will i'n da noch?
ROCKY: Der wird di ned mög'n. Jetzt spinn doch ned.
KATI: Ich spinn nicht. Außerdem bin i eh bald weg.

ROCKY: Wie weg? Was moanst'n?

Toni kann nur dabei sitzen und von einem zum anderen schauen.

KATI: Ich wollt dir des scho so lang sag'n. Ich mach so a Austauschprogramm in Amerika.

ROCKY: Das is ja ganz was neues. Und wann?

Toni steht auf, klopft Rocky tröstend auf die Schulter und verzieht sich zu den Fußballern.

KATI: Gleich nach den Herbstferien. Die ham mi da g'nomma.

ROCKY: Hmmm. Und wann kommst wieder?

KATI: Nächst's Jahr.

Kati kramt in ihrer Tasche nach dem Geldbeutel.

ROCKY: Das is lang.

KATI: Mhm.

Spielerisch boxt Rocky Kati an die Schulter.

ROCKY: Da wer' ma Zeitlang haben, ha?

KATI: Nach mir?? Schmarrn!

Kati würgt die Tränen weg, die schon wieder in ihrem Hals stecken. Rocky schnieft.

KATI: Geht a Mass, oder?

ROCKY: Kati.

Aber Kati ist schon unterwegs zur Schänke. Sie hat das Gefühl, beobachtet zu werden. Unwillkürlich schweift ihr Blick zum Parkplatz.

Und da steht der Golf vom Mike.

Kati nimmt ihre zwei vollen Masskrüge vom Ausschank. Jo kommt vom Telefonieren zurück.

KATI: Da Mike ist da.

JO: Gehst hie?

Jo nimmt die Masskrüge und trägt sie zum Tisch.

Mike lehnt an seinem Golf. Er hat die Hände in den Hosentaschen vergraben. Kati zögert. Sie geht auf ihn zu.

KATI: Hi. Was machst'n du da?

MIKE: Dich suchen. Und dir sagen, dass ich es scheiße find, wenn du nach Amerika gehst!

KATI: Echt!?

MIKE: Wir ha'm was ausgemacht für heute. Aber der Rocky is dir anscheinend wichtiger.

Kati schaut zurück zum Biertisch. Da hocken sie, der Rocky und die Jo. Einer für alle.

FUßBALLER: Du musst di a bissl zamreißn. Sonst darf ma d' Mama nimma zuschaun, weil sonst genierst du di immer so …

FUßBALLER: Ah geh … *Gemurmel*

KATI: *Dir* is' doch eh wurscht!

MIKE: Ja sag amal, checkst du da was ned?

KATI: Was soll i'n checken?

MIKE: Ich fahr im ganzen Landkreis umeinand, bis ich dich find, und du sagst, mir is' eh wurscht. Des is ja fast a Frechheit. Ich tu was ich kann, also … I woass ned. Verstehst du da was falsch, oder …

KATI: Wie moanst'n des, versteh'! Für alles hast du Zeit. Immer. Bloß ned für mich. Was moanst 'n du, wie i des versteh'n soll, ha?

MIKE: Des stimmt doch überhaupts gar ned.

KATI (zählt auf): Fußball, dei' Mama, Alex, der Baum, Minga.

MIKE: Ja mei, i hob halt vielleicht no a eigenes Leben. Des is halt amal a so.

KATI: Ja? Is des so? Und i scheiß auf dei' Leben. Des is auch so.

MIKE: Ha … gut. Dann weiß ich jetzt wenigstens Bescheid.

KATI: Ja, gut. Dann is ja jetzt gut.

MIKE: Dann gibst' mir jetzt den Ring wieder zurück oder wie?

Kati schluckt. So sang- und klanglos hat sie sich das nicht vorgestellt.
KATI: Okay.
FUßBALLER: I woaß ned.
FUßBALLER: Ja.
FUßBALLER: I mein wir müssten scho mal schaun
Sie nimmt den Ring vom Finger.
MIKE: Mein Gott, du bist ja sowas von bescheuert.
KATI: I muass jetz geh'.
Katis Herz tut weh, als sie über den Hügel nach Hause geht.

60. EXT. NIEDERDORF BIERGARTEN / ACKER – TAG

Rocky sitzt still vor den zwei Masskrügen. Drüben auf der anderen Seite der Wiese geht Kati querfeldein den abgemähten Maisacker hinauf. Rocky rennt wütend auf Mike zu und haut ihm eine runter.
MIKE: Sag amoi spinnst du?! Arschloch du!
Aufgeregtes Geschrei
FUßBALLER: Hey, hey! Was is'n mit euch los?
MIKE: Die Sau! Dann zeig I dir wos!
ROCKY: Komm her!
FUßBALLER: Hey, cool bleiben! Mike, cool bleiben.
Geh her! Geh doch du her! (Geschrei)
JO: Rocky …

61. INT. HAUS KATI – TAG

Jo und Toni sitzen vor Jos Haus im Auto.
JO: Also dann danke fürs heim fahr'n.
TONI: Passt scho.
Jo will aus dem Auto aussteigen, bleibt aber dann doch sitzen …

62. INT. HAUS KATI – TAG

Katis Eltern und ihr kleiner Bruder Luis sitzen beim Essen. Sie sind schon fast fertig, als Kati herein trampelt.

KATI: Hallo.

MAMA KATI/LUIS: Griaß di.

Luis mampft seine Schwester fröhlich an.

VATER KATI: Wo kommst'n du jetz her?

LUIS: Mogst wos drinka?

Kati setzt sich an den Tisch und schweigt. Luis schielt zu seiner Schwester.

VATER KATI: Sog hoid. Wo kommst'n her?

KATI: Niederdorf.

Kati schaut ihren Eltern beim essen zu.

VATER KATI: Wo hast'n den Mike gelassen?

KATI: Welchen Mike?

VATER KATI: Na, unseren Mike.

MAMA KATI: Der war vorher da und hat dich gesucht.

KATI: Seit wann is na des unser Mike?

Der Papa widmet sich dem Fleisch auf seinem Teller, während er spricht. Kati kann sich kaum zusammenreißen vor lauter Enttäuschung und Wut und Missachtet-werden.

VATER KATI: Hast ihn vergrault?

KATI: Gestern war er noch der Hemadlenz, und auf einmal is er *unser* Mike. Muss ich das jetzt kapieren oder wie?

MUTTER KATI: Jetz is' gut. Gib' a Ruh', Kati. Magst a bissl a Gmias? Jetz iss halt a bissl was komm.

VATER KATI: Du musst gar nix kapier'n. Von mir aus kapierst du nie wos.

Kati schüttelt fassungslos den Kopf. Der Papa nimmt sich noch ein Stück Fleisch. Kati starrt mit großer Wut auf ihren leeren Teller.

MAMA KATI: Warts ihr mit den Buben unterwegs?

Kati schüttelt wieder den Kopf. Sie könnte gar nichts sagen, auch wenn sie wollte.

VATER KATI: In der Welt umeinander gondeln, rauchen, nix essen. Und alles »zum kotzen« finden.

Kati schaufelt sich den Teller voll, bis er überläuft und stopft sich das Essen in den Mund.

VATER KATI: Jetzt friss halt ned gar so rein.

Kati spuckt den Bissen, den sie gerade kaut, auf den Teller zurück.

KATI: Was willst'n du eigentlich?

VATER KATI: Sag mal, wie führst du dich denn auf?

KATI: Ich führ mich gleich noch viel mehr auf, wenn dir das nicht passt!

VATER KATI: Jetzt schau, dass di schleichst, bevor's krachts.

KATI: Kannst' scho haben. Bin schon weg.

Kati marschiert aus dem Esszimmer und wirft die Tür hinter sich zu. Luis hat seine Gabel noch im Mund. Beinah weint er. Aber zeigen will er's nicht, er ist ja ein harter Hund.

63. INT. KATIS ZIMMER – TAG

Kati rennt nach oben in ihr Zimmer und knallt wieder die Türen mit aller Kraft zu.

In ihrem Zimmer packt Kati ihre Bettdecke und schlägt darauf ein. Aber das reicht nicht. Reicht nicht, um diesen Zorn raus zu schlagen aus sich, der so weh tut. Sie weint vor Wut und Verzweiflung. Sie schmeißt den Stein des Marco Polo vom Regal. Splitter Bergkristall auf dem Boden.

Auf einmal steht ihr Vater in der Tür. Stumm. Er fragt nicht mehr, was mit ihr los ist, wie er es vielleicht ursprünglich vorgehabt hätte. Dann schreit er sie an.

VATER KATI: Spinnst jetzt du total? Reiß dich bloß zam!

KATI: Was willst'n du? Geh bloß weg!

Kati hat ihr Tagebuch in der Hand.

VATER KATI: Du hast ja an kompletten Vogel, das sag ich dir.

KATI (schreit): Geh bloß weg!!

Sie schleudert das Buch in die Ecke, dass es in lauter Fetzen zerfällt.

KATI: Das ist mein Zimmer! Geh geh!!

Still verschwindet ihr Vater nach unten. Kati wird auch still. Sie hört, wie sich ihre Eltern unten im Wohnzimmer anschreien.

VATER KATI (O.S.): Des is mir wurscht! So kann ma' si' ned aufführen. Ihr spinnts ja alle!

MAMA KATI (O.S.): Das is' doch auch nicht einfach für des Madl!

VATER KATI (o.S.): Des Madl, des Madl! Hab i ned andere Probleme?

MAMA KATI (O.S.): Ja, jetzt geht's aber grad ned um di!

VATER KATI (O.S.): Was wollt's 'n ihr eigentlich alle?

Unten knallt eine Tür. Tränen laufen Kati übers Gesicht. Sie krabbelt zum Bett und holt sich die Flasche Stroh Rum, die sie hinter der Matratze versteckt hat. Sie trinkt direkt aus der Flasche. Ganz klein zusammengekauert sitzt sie in der Ecke. Hinter der Schranktür grinst Grinse-Helmut Heugruber vom Plakat.

Leise klopft es an der Tür.

MAMA KATI: Kati, i bin's.

Die Mama kommt ins Zimmer.

MAMA KATI: Vielleicht magst du nachher mal runter gehen und dich entschuldigen?

KATI (brüllt): Verschwind!!

Die Mama setzt sich.

MAMA KATI: Warum schreist du *mich* jetzt so an?

KATI: Du bist doch bloß auf seiner Seite. Der darf sich immer alles erlauben, oder? Und ich muss mich dann nachher dafür entschuldigen. Was meinst 'n du, was passiert, wenn i obi geh?

Ha? Glaubst du, dass er sagt, »ja, mir tut's auch leid, sama wieder gut«? Des kannst aber so was von vergessen.

MAMA KATI: Aber du kennst'n doch. Du bist scho aa manchmal so –

KATI (brüllt): Jetzt lass mich bitte in Ruh! (leise) Lasst's mich doch jetzt mal alle einfach in Ruhe.

Die Mama geht zu ihr und will sie umarmen. Aber Kati wehrt sich. Kati weicht zurück an die Wand.

MAMA KATI: Kati, is was mit dem Mike?

Kati macht ein trotziges Gesicht. Die Mama soll ihren Hass sehen. Sie kann sich aber nicht mehr zusammenreißen. Ihre Lippen zittern.

KATI: Nix is. Nix, was dich interessieren dat.

MAMA KATI: Aber natürlich interessiert mich!

KATI (brüllt): Ich halt das nicht mehr aus. Mit deinem scheinheiligen Getue immer! Jetzt verschwind!

MAMA KATI: Ja, was fällt dir denn ein?

Kati springt auf und stürmt wie ein wildes Tier auf ihre Mutter zu.

KATI (brüllt): RAUS ! ! !

MAMA KATI: Ja sag omoi.

Das wirkt. Die Mama weicht zurück und lässt Kati allein. Kati wirft ihre Zimmertür zu, dass die Wände wackeln.

Sie packt sich selbst an den Haaren und zerrt daran. Dann schlägt sie sich selbst ins Gesicht, damit sie aufhört zu weinen.

KATI: Aua, aua, aua …

Sie stellt sich vor ihren Spiegel und starrt sich selbst in die Augen. Immer, wenn die Tränen kommen, schlägt sie mit der flachen Hand zu. Bald ist ihr Gesicht versteinert.

Sie nimmt eine Schere und schneidet die erste Strähne ihres langen Haares ab. Büschel für Büschel fallen die Haare auf den Boden. Dann packt sie den Bergsteiger-Rucksack. So voll, dass sie mit dem Fuß drauf steigen muss, dass der Riemen zu geht.

Kati zieht ihr »Save the Earth«-T-Shirt an und bindet ihre Bergstiefel. Selbstverständlich hat sie die Jeans mit dem Hosenbein an.

Sie wirft ihre alte Wildlederjacke über, stülpt sich Opas Hut auf den Kopf, schiebt eine Packung Tschiks ein und rennt aus dem Haus.

Draußen malt die Sonne ein brennendes Rot auf Theos Hauswand. Der weiße Mond steht über den Nachbarhäusern.

64. EXT. FELDWEG – NACHMITTAG

Kati geht über die Wiese an der Pferdekoppel vorbei. Stur versucht sie, nicht hin zu sehen. Aber ihr Pferd kommt an den Zaun und trottet neben ihr her.

KATI: Hau ab. Hau halt ab.

Das Pferd trottet aber weiter neben Kati her, bis die Weide zu Ende ist. Kati bleibt stehen und starrt das Tier an.

KATI: Na, sauber. Und jetz'?

Kati geht mit gesenktem Kopf weiter. Das Pferd schaut ihr nach.

65. EXT. HAUS JO – NACHMITTAG

Kati klingelt bei Jo. Sie sieht aus wie ein Landstreicher mit der zerrissenen Wildlederjacke und dem alten Hut.

MAMA JO (Sprechanlage): Hallo?

KATI: Kati.

MAMA JO (Sprechanlage): Du, ich glaub' die flackt in der Badewanne. Magst was mit essen?

KATI: Nein, danke.

MAMA JO: Komm einer. Knödel gibt's.

Der Türöffner summt und Kati geht ins Haus. Sie wischt die Tränen von ihrer Backe.

66. INT. HAUS JO / BAD – NACHMITTAG

Die Badewanne in dem gemütlichen, bunten Bad ist mit Schaum gefüllt. Das Wasser blubbert. Kati setzt sich auf den Fellverkleideten Klodeckel. Dann taucht Jo aus den Fluten auf und holt tief Luft.

JO: Hi Kati! Ich muss noch an Tauchkurs machen.

Jo schnappt sich die Stoppuhr, die am Badewannenrand liegt. Jo holt tief Luft und taucht wieder unter. Kati wartet, bis Jo wieder auftaucht. Da scheint Jo was bemerkt zu haben und taucht wieder auf.

JO: Wos is'n mit dir los? Kati, heb amoi dein' Huad hoch!

Kati hebt ihn hoch – nun sehen wir zum ersten mal richtig den neuen Kurzhaarschnitt.

JO: Aha, ja mei, warum ned!

Des wird halt sackrisch koid im Winter.

KATI: I pack's nimma dahoam.

Kati sitzt auf dem Klodeckel wie ein Häufchen Elend. Jo zeigt auf Katis Hut.

JO: Komm her!

Kati lacht. Tränen sind auch dabei. Sie zieht den Hut weiter ins Gesicht, aber jetzt hilft's schon nichts mehr. Kati schüttelt es vor Schluchzen.

Jo sitzt in ihrem Wasser, Kati hockt auf dem Klodeckel-Fell. Sie schauen sich an. Kati schnieft. Da müssen sie lachen. Im nächsten Augenblick brechen sie in Schluchzen aus.
Kati umarmt Jo und weint in ihre schamponierten Haare.

KATI: I mog ned weg! I mog ned weg!

Jos Bruder kommt ins Bad. Er hat noch nasse Haare vom duschen und trägt das Hemd offen.

STEVE: Öha … Tschuldigung. Du Kati, stenga da fei guad die neia Haar'.

JO: Schleich di!

Die Mädels schluchzen.

KATI: Aber was mach' i ohne dich?

JO: I woass' aa ned …

KATI: Aaaah.

Kati schnieft ein letztes Mal. Jo steigt aus der Badewanne und wickelt sich in ihren Königinnen-Bademantel.

67. EXT. DAUMILLER BERG – ABENDDÄMMERUNG

Zeitsprung: Ein paar dürre Äste brennen in einem Lagerfeuer auf dem Daumiller Berg. Kati schmeißt frische Daxen drauf. Erst raucht 's, dann knistert und lodert es wie ein Hexenfeuer.

Kati reißt mit einem Ruck das alte halbe Hosenbein von ihrer neuen Jeans weg. *Raaatsch!*

Mitten hinein in das weißgelbe Feuer schmeißt sie es. Dank aufgesaugtem Benzin brennt das Hosenbein wia d'Sau. Kati schaut zu.

JO: Die heilige Hos'n.

68. EXT. TANDERN / DORFSTRASSE – MORGEN

Zehn Tage später. Kati verabschiedet sich von ihrer ganzen Familie. Dann von Jo.

KATI Gemurmel mit LUIS

KATI: Mama.

MAMA KATI: Pfiade. Pass auf auf di.

OPA KATI: Du machst des scho.

JO: Jetza geh scho! Mach's guad

Der Bus kommt. Sie eilt zum Eingang, kehr nochmals zu Jo zurück. Beide kämpfen damit, nicht zu weinen.

69. EXT. LANDSTRASSE / TANDERN – MORGEN

Dann steigt Kati in den Bus ein und dieser fährt los. Kati verstaut ihren großen Koffer und setzt sich. Schaut nochmals kurz um und sieht Jo. Schaut dann nach vorne, versucht nicht zu weinen. Versucht angestrengt an etwas anderes zu denken. Plötzlich taucht der Rocky auf einem Fahrrad auf – zu spät!
ROCKY: Kati!
JO: Rocky? Was kommst'n erst jetzt?
ROCKY: Mei Auto is ned o'gsprunga! Kati! Kati! Kati!!
Kati winkt aus dem Bus raus.
KATI: Pfiade, Rocky! Pfiade!
Rocky fährt Katis Bus hinterher.
ROCKY: Kati! Hoid amoi o! Kati!
KATI: Pfiade Rocky.
ROCKY: Hey! Hoid amoi o! Kati! Mensch Kati! Ah geh!
Nun überkommt es die Kati, sie steht auf … Aus Jos Perspektive sehen wir, dass der Bus nochmals anhält und Kati aussteigt.
JO: A wos?! Des gibt's ja ned!
Rocky hält an. Jo läuft ihnen entgegen.
KATI: Ja Mensch Rocky, was is'na?
ROCKY: I … i wollt dir einfach nur »Pfiade« sag'n!
KATI: Ach so.
JO: Wos is jetzt da los?
KATI: Er wollt mir einfach bloß »Pfiade« sag 'n!
JO: Aha.
KATI: Ja …
JO: Und jetzt?
KATI: I hol jetzt mal mei Zeug.
JO: Ja. Dann hol ma dei Zeug. So, ah. Du g'spinnade Heena, du. Tja, i sog's da!
Ja einfach nochmals verlängern, die beste Zeit – die allerbeste.
ENDE

Tandern
Gemeinde
Hilgertshausen–Tandern

ANNA MARIA STURM

Jahrgang:	1982
Größe:	1,70
Augenfarbe:	grün
Haarfarbe:	dunkelblond
Sprachen:	Englisch, Französisch
Dialekte:	Bayerisch
Ausbildung:	Otto-Falckenbergschule München

Theater

2004: Bridges and Harmonies, Regie: Thomas Zielinski, Münchner Kammerspiele

2004: Liederabend – Lysistrata, Regie: Dominik Flaschka Münchner Kammerspiele

2005: Vorher – Nachher, Regie: Erich Sidler, Münchner Kammerspiele

2005: Santo Subito, Regie: Tobias Bühlmann, Münchner Kammerspiele

2006: Engel, Regie: Felicitas Brucker, Münchner Kammerspiele

2008: Wenn ich mir was wünschen dürfte!, Regie: Christoph Leimbacher, bühnenluft Festspiele

2008: Die Insel Tulipatan, Regie: Johannes Rieder, bühnenluft Festspiele

2008: Häuptling Abendwind, Regie: Johannes Rieder, bühnenluft Festspiele

2008: Krankheit und Jugend, Regie: Anne Lenk, Theater Augsburg

2009: Die Wildente, Regie: Sigrid Herzog, Theater Augsburg

Kino

2007: Beste Zeit, Rolle: Kati, Regie: Marcus H. Rosenmüller
2008: Beste Gegend, Rolle: Kati, Regie: Marcus H. Rosenmüller

TV

2008: Das Haus meines Vaters, Regie: Matthias Tiefenbacher
2009: Bergwehen – Die Hebamme, Regie: Dagmar Hirtz
2009: SOKO 5113 – Bis dass der Tod euch scheidet, Regie: Andreas Herzog
2009: Tatort – Nie wieder frei sein, Regie: Christian Zübert
2009: Erzherzog Johann und Anna, Regie: Julian Pölsler

ROSALIE THOMASS

Jahrgang:	1987
Größe:	1,78
Augenfarbe:	blau
Haarfarbe:	blond
Sprachen:	Deutsch, Englisch
Dialekte:	Bayerisch

Auszeichnungen

Förderpreis deutscher Film und Deutscher Fernsehpreis 2006, sowie Adolf-Grimme-Preis und Bayerischer Fernsehpreis 2007 für »Polizeiruf 110 – Er sollte tot«

Theater

1997/98: Der Bauer als Millionär, Gesangsrolle, Münchner Volkstheater

seit 2001: Mitglied der Jugendtheatergruppe m8mit der Kammerspiele München

2004: Chew-Z, Rolle: Mary Regan, Regie: Christian Friedel, Kammerspiele München

Kino

2004: Gefühlte Temperatur, Rolle: Anne, Regie: Katharina Schöde

2006/07: Kleine Lichter, Rolle: Undine, Regie: David Wendt

2007: Beste Zeit, Rolle: Jo, Regie: Marcus H. Rosenmüller

2007: Räuber Kneißl, Rolle: Eleni, Regie: Marcus H. Rosenmüller

2007: Beste Gegend, Rolle: Jo, Regie: Marcus H. Rosenmüller
2007: Anonyma, Rolle: Greta Maltaus, Regie: Max Färberböck
2008: Bergfest, Rolle: Lavinia, Regie: Florian Eichinger

Kurzfilm
2003: Emily will sterben, Rolle: Emily, Regie: Sabine Radebold
2007: Das Mädchen mit den gelben Strümpfen, Rolle: Katrin,
Regie: Grzegorz Muskala
2007: Auf Wolke 1, Rolle, Regie: Sophie Schwab
2009: Lebendkontrolle, Rolle: Ewa, Regie: Florian Schewe

TV
2004: Leo, Rolle: Michaela Sobotta, Regie: Vivian Naefe
2004: Emilia 1&2, Rolle: Birgit Reimann, Regie: Tim Trageser
2005: Polizeiruf 110 – Er sollte tot, Rolle: Maria Lorenz, Regie:
Dominik Graf
2007: Einer bleibt sitzen, Rolle: Clarissa, Regie: Tim Trageser
2008: Tatort – Herz aus Eis, Rolle: Olga, Regie: Ed Herzog
2008: Der Mann aus Oggersheim, Rolle: Hannelore Kohl, jung,
Regie: Thomas Schadt
2008: Totentanz, Rolle Leni, Regie: Corbinian Lippl
2009: Tatort – Tempelräuber, Rolle: Dorothea, Regie: Matthias
Tiefenbacher
2009: Die letzten 30 Jahre, Rolle Resa, Regie Michael Gutmann

FERDINAND SCHMIDT-MODROW

Jahrgang: 1985
Größe: 1,66
Augenfarbe: blau-grau
Haarfarbe: dunkelblond
Sprachen: Englisch, Französisch, (Italienisch)
Dialekte: Bayrisch, Wienerisch, Schwäbisch
Ausbildung: Neue Müncher Schauspielschule

Auszeichnungen

2007 Nominiert für den »Förderpreis Deutscher Film« in der Kategorie »Bester Nachwuchsschauspieler« für Beste Zeit.

Theater

2009: Green Room, Rolle: Lothar, Regie: Andreas Hänsel, Junge Akademie Gasteig/Black Box

seit 2008: Kasperl und die wahre Liebe, Rolle: Seppl, Regie: Josef Parzefall, Lustspielhaus München

2009: Mala und Edek – eine Geschichte aus Auschwitz, Rolle: Jakub, Regie: Michael Stacheder, Junges Schauspiel Ensemble München

Kino

2005: Grenzverkehr, Rolle: Schilcher, Regie: Stefan Betz

2007: Die Welle, Rolle: Ferdi, Regie: Dennis Gansel

2007: Beste Zeit, Rolle: Rocky, Regie: Marcus H. Rosenmüller

2008: Beste Gegend, Rolle: Rocky, Regie: Marcus H. Rosenmüller

Kurzfilm

2007: Darüber Hinaus, Rolle: Ben, Regie: Volker Petters

TV

2008: Totentanz, Rolle: Kurbi, Regie: Corbinian Lippl

2009: Soko Kitzbühel, Rolle: Florian Moser, Regie: Olaf Kreinsen

2009: Rosenheim Cops, Rolle: Albi Wiesinger, Regie: Guntert Krää

2009: Der Bergdoktor – In eisigen Höhen, Rolle: Basti/Pilot, Regie: Axel de Roche

2009: Komödienstadel – Glenn Miller & Sauschwanzl, Rolle: Max Aicher, Regie: Matthias Kiefersauer

2009: Landshuter Hochzeit, Rolle/Moderation: Ferdi, Regie: Corbinian Lippl

VOLKER BRUCH

Jahrgang: 1980
Größe: 1,73
Augenfarbe: grün-grau
Haarfarbe: dunkelblond
Ausbildung: Schauspiel-
Studium am Max Reinhard Se-
minar

Theater

2003: Der kaukasische Kreidekreis, Rolle: Diverse, Regie: Ole
Georg Graf, Max Reinhard Seminar
2004: Liebe mich irgendwie ..., Rolle: Diverse, Gastregie: René
Pollesch, Ausgezeichnet mit dem Vontobel Preis beim 15.
Bundeswettbewerb deutschsprachiger Schauspielschulen

Kino

2005: Rose, Rolle: Axi, Regie: Alain Gsponer
2007: Das wahre Leben, Rolle: Charles Spatz, Regie: Alain
Gsponer
2007: Beste Zeit, Rolle: Toni, Regie: Marcus H. Rosenmüller
2008: Beste Gegend, Rolle: Toni, Regie: Marcus H. Rosenmüller
2008: Der rote Baron, Rolle: Lothar von Richthofen, Regie: Ni-
kolai Müllerschön
2008: Der Baader Meinhof Komplex, Rolle: Stefan Aust, Regie:
Uli Edel
2008: Les Femmes de l'ombre, Rolle: Leutnant Becker, Regie:
Jean-Paul Salomé
2008: Little Paris, Rolle: Stefan, Regie: Miriam Dehne

2009: Der Vorleser, Rolle: Dieter Spenz, Regie: Stephen Daldry
2009: Tannöd, Rolle: Johann, Regie: Bettina Oberli
2010: Nanga Parbat, Rolle: Gerhard, Regie: Joseph Vilsmaier
2010: Goethe, Rolle: Jerusalem, Regie: Phillip Stölzl

TV
2004: Baal, Rolle: Johannes, Regie: U. Janson
2004: Tatort – Tod unter der Orgel, Rolle: Klaus Zadera, Regie: W. Bannert
2005: Tatort – Leiden wie ein Tier, Rolle: Volker Bensch, Regie: Uwe Janson
2006: Der Staatsanwalt: Glückskinder, Rolle: Bastian Tressen, Regie: Peter F. Bringmann
2007: Nichts ist vergessen, Rolle: Olaf Stahmann, Regie: Nils Willbrandt
2008: Einer bleibt sitzen, Rolle: Michel, Regie: Tim Trageser
2008: Machen wir's auf Finnisch, Rolle: Matti, Regie: Marco Petry
2008: Tatort – Unbestechlich, Rolle: Oliver Bendler, Regie: Nils Willbrandt

FLORIAN BRÜCKNER

Jahrgang: 1984
Größe: 1,70
Augenfarbe: blau
Haarfarbe: blond
Sprachen: Englisch
Dialekte: Bayerisch
Ausbildung: Schauspiel-
coaching bei Frank Betzelt

Theater

2002: Geierwally, Rolle: Diverse, Regie: Christian Stückl, Volkstheater München

2002: Titus Andronicus, Rolle: Martius, Regie: Christian Stückl, Volkstheater München

2003: Der Räuber Kneißl, Rolle: Alois Kneißl, Regie: Christian Stückl, Volkstheater München

seit 2005: Der Brandner Kaspar und das ewig Leben, Rolle: Junger Bauer/Engel, Regie: Christian Stückl, Volkstheater München

1988: Mitwirkung beim Riederinger Hirtenspiel, Regie: Joseph Staber, Riederinger Freilichtbühne/Neukirchen

1999: Zigeunerbauer, Rolle: Knecht, Florian, Regie: Anna Elfriede Ebner, Riederinger Freilichtbühne/Neukirchen

Kino

2003: Jennerwein, Rolle: Hofberger, Regie: Hans Günther Bükking

2007: Beste Zeit, Rolle: Mike, Regie: Marcus H. Rosenmüller

2008: Beste Gegend, Rolle: Mike, Regie: Marcus H. Rosenmüller

2007: Der geköpfte Hahn, Rolle: Engelbert, Regie: Radu Gabrea / Marjan Wajda
2008: Räuber Kneißl, Rolle: Alois Kneißl, Regie: Marcus H. Rosenmüller
2009: Schreibe mir – Postkarten nach Copacabana, Rolle: Alois Bichl, Regie: Thomas Kronthaler
2009: Faust, Rolle: Valentin, Regie: Alexander Sokurov

Kurzfilm

2004: Königreich der Jugend, Rolle: Luk, Regie: Andy Schmid
2004: Weiße Stille, Rolle: Wolf, Regie: Philipp Haucke

TV

2002: Der Tod ist kein Beweis, Rolle: Matthias Gruber, Regie: Dagmar Hirtz
2003: Im Namen des Herrn, Rolle: Lorenz, Regie: Bernd Fischerauer
2003: Glashimmel, Rolle: Peter, Regie: Marijan David Vajda
2004: Kommissarin Lucas, Rolle: junger Mann, Regie: Thomas Berger
2005: Apollonia, Rolle: Lenz, Regie: Bernd Fischerauer
2006: Sie ist meine Mutter, Rolle: Philipp, Regie: Dagmar Hirtz
2008: Soko 5113 – Schweinefraß, Rolle: Florian Peschl, Regie: Michael Wenning
2009: Rosenheim Cops, Rolle: Benno Katzmaier, Regie: Gunther Krää
2009: Bergwehen – Die Hebamme, Rolle: Karl Bachler, Regie: Dagmar Hirtz

STEFAN MURR

Jahrgang:	1976
Größe:	1,83 m
Augenfarbe:	blau
Haarfarbe:	dunkelblond
Sprachen:	Englisch, Französisch
Dialekte:	Bayerisch, Schwäbisch
Ausbildung:	Otto-Falckenbergschule München

Auszeichnungen

2003: Merkur-Förderpreis: Metropol Theater für Das Fest
2006: Nachwuchspreis der Festspielstadt Wunsiedel für die Rolle Lenz in Der Wittiber

Theater

1998–1999: Cymbelin, Rolle: Römer, Regie: Dieter Dorn, MK
1998–1999: Dulce est, Rolle: Ministrant, Regie: Peter Wittenberg, Münchner Kammerspiele
1999–2000: Die venezianischen Zwillinge, Rolle: Arlecchino, Regie: Erich Sidler, MünchnerKammerspiele
2002: Die Power Paula, Rolle: Florian Wiesbeck, Regie: Florian Wiesbeck, Kleine Komödie am Max II
2003: Das Fest, Rolle: Christian, Regie: Gerd Lohmeyer, Metropol Theater
2003: Der zerbrochene Krug, Rolle: Ruprecht, Regie: Michael Lerchenberg, Bayerische Theaterakademie
2004: Anatevka, Rolle: Perchik, Regie: Karl Absenger, Luisenburgfestspiele Wunsiedel

2004: Wie es euch gefällt, Rolle: Orlando, Regie: Michael Lerchenberg, Luisenburgfestspiele Wunsiedel

2005: Der Brandner Kaspar und das ewig Leben, Rolle: Flori, Regie: Christian Stückl, Münchner Volkstheater

2006: Der Wittiber, Rolle: Lenz, Regie: Michael Lerchenberg, Luisenburgfestspiele Wunsiedel

2006: Woyzeck, Rolle: Tambourmajor, Regie: Christian Stückl, Münchner Volkstheater

2006: Ein Sommernachtstraum, Rolle: Peter Squenz, Regie: Christian Stückl, Münchner Volkstheater

2007: Macbeth, Rolle: Lennox, Regie: Philipp Jeschek, Münchner Volkstheater

2007: Don Carlos, Rolle: Graf Lerma, Regie: Christian Stückl, Volkstheater München

2007: Wer hat Angst vor Virgina Woolf, Rolle: Nick, Regie: Karin Boyd, Neue Schaubühne/Tournée

2007: Das Fest, Rolle: Leif, Regie: Jorinde Dröse, Münchner Volkstheater

2008: Richard der III, Rolle: Herzog von Buckingham, Regie: Christian Stückl, Münchner Volkstheater

2009: Eros, Rolle: Lukian, Regie: Christine Eder, Münchner Volkstheater

2009: Alice im Wunderland, Rolle: Diedeldei, Siebenschläfer, Regie: Bettina Bruinier,   Münchner Volkstheater,

Kino

1998: Neue Freiheit – schönes München, Regie: Herbert Achternbusch

2006: Der geköpfte Hahn, Rolle: Csontos, Regie: Radu Gabrea, Marijan Vajda

2007: Beste Zeit, Rolle: Lugge, Regie: Marcus H. Rosenmüller

2008: Beste Gegend, Rolle: Lugge, Regie: Marcus H. Rosenmüller

Kurzfilm

2002: Der letzte Schnitt, Rolle: Soldat, Regie: Lanzelot von Naso
2002: Wunderbare Tage, Rolle: Christoph, Regie: Matthias Kiefersauer
2002: Haarscharf, Rolle: Horst, Regie: Ivan Sainz-Parda
2006: Gute Nacht, Regie: Felix Kempter
2006: Nachts das Leben, Regie: Julia Schwarz
2008: Tramontana, Rolle: Bertl Görner, Regie: Kathrin Stahl
2008: Das heimliche Geräusch, Rolle: Ken, Regie: Michael Watzke
2009: Ein Stadtmärchen, Rolle: Kili, Regie: Anna Katharina Maier

TV

2000: Die Jacobi-Verschwörung, Rolle: Ben Ampfinger, Regie: Steffi Kammermeier
2001: Sinan Toprak ist der unbestechliche, Rolle: Andreas, Regie: Andreas Prochaska
2001: SOKO 5113 – Tödliche Hiebe, Rolle: Rüdiger Michna, Regie: Zbynek Cerven
2001: Und Morgen Italien, Rolle: Richard, Regie: Felix Haas
2001: So schnell du kannst, Rolle: Junger Mann, Regie: Vivian Naefe
2002: Café Meineid – Da war was, Rolle: Felix Betz, Regie: Franz Xaver Bogner
2003: Komödienstadel – S'Brezenbusserl, Rolle: Fritz, Regie: Erich Neureuther
2003: In einem anderen Leben, Rolle: LKW Fahrer, Regie: Manuel Siebenmann
2004: Komödienstadel – Karten Lügen nicht, Rolle: Urban Raßhofer, Regie: Erich Neureuther
2004: Schulmädchen – Chromosom XY ungelöst, Rolle: Max, Regie: Christian Pötschke

2004: Komödienstadel – Herzsolo, Rolle: Toni Gagler, Regie: Werner Asam
2005: Komödienstadel – Die Maibaumwache, Rolle: Hollie Happ, Regie: Steffi Kammermeier
2005: Kurhotel Alpenglück, Rolle: Toni, Regie: Peter Sämann
2006: Alles fest im Griff, Rolle: Manfred Muggenthaler, Regie: Peter Weissflog
2007: Baching, Rolle: Robert, Regie: Matthias Kiefersauer
2007: SOKO Kitzbühl – Der Alpenkönig, Rolle: Dr. Christoph Weiss, Regie: Regina Huber
2007: Rosenheim Cops – Schatten des Zweifels, Rolle: Bernhard Hirsch, Regie: Jörg Schneider
2008: Die göttliche Sophie, Rolle: Micha Strohmayr, Regie: Hajo Gies
2008: Die Drachen besiegen, Rolle: Bankangestellter, Regie: Franziska Buch
2008: Rosenheim Cops, Rolle: Stefan Ohlmüller, Regie: Jörg Schneider
2008: Utta Danella – Der Verlobte meiner besten Freundin, Rolle: Markus Schweiger, Regie: Peter Weissflog
2009: Komödienstadel – Glenn Miller & Sauschwanzl, Rolle: Fred Thanner, Regie: Matthias Kiefersauer

INTERVIEW MIT REGISSEUR MARCUS H. ROSENMÜLLER

Wie bist Du zur Geschichte gekommen?

Ich habe das Drehbuch von der Karin Michalke bekommen. Mir kamen die einzelnen Geschichten und Charaktere so vertraut vor, dass ich unbedingt der Regisseur sein wollte.

Wie kam Dein Team zusammen?

Zuerst bekam ich Leute empfohlen und habe mit ihnen zusammengearbeitet. Daraus speist sich eigentlich immer noch das Team. Bisher hatte ich wirklich großes Glück und würde ohne Ausnahme mit allen nochmals arbeiten wollen. Selbstverständlich hat beim Team aber auch der Produzent das Sagen. Bei der Schauspielerauswahl arbeite ich natürlich auch immer mit meiner Casterin. Für bestimmte Rollen finden wir im Gespräch die passenden Schauspieler, und ansonsten sucht die Casterin die fehlende Besetzung und schlägt mir Schauspieler/innen vor.

Wie hast Du Dich auf die Dreharbeiten vorbereitet? Hast Du die Bilder schon vorher im Kopf oder ergibt sich das vor Ort?

Manches hat man im Kopf und vieles wird mit den Abteilungen erarbeitet. Natürlich ist der Kameramann, das Szenenbild, und das Kostüm auch enorm wichtig für die Bilder. Selten wird am Drehort improvisiert, aber manchmal muss man auf Änderungen reagieren. Am meisten ändert sich noch bei den Proben mit den Schauspielern (im Dialog).

Die Trilogie »Beste Gegend«, »Beste Zeit«, »Beste Chance« erzählt von einer Jugend auf dem bayerischen Land. Auch Du bist in Bayern, in Hausham, aufgewachsen. Hilft Dir Deine eigene Erfahrung dabei, die Geschichte zu erzählen?

Auf alle Fälle. Vor allem in diesen Filmen, versuche ich ja typische bayrische Charaktere zu erzählen. Das gelingt am besten, wenn man sich an ähnliche erinnert.

»Beste Gegend« und »Beste Zeit« sind ja nicht nur lustige Filme, sondern gehen auch tief in die zwischenmenschliche Ebene. Ist es Dir wichtig, dass die Kinobesucher nicht nur lachen, sondern auch ein wenig zum Nachdenken angeregt werden?

Das Nachdenken ist mir bei diesen Filmen nicht so wichtig. Eher das Nachfühlen. beim Lesen der Drehbücher habe ich gespürt dass ich in der Geschichte meine Heimat, mein Erwachsenwerden fühle. Dieses mit der Autorin zu teilen fand ich schön. Ich wollte das zusammen mit vielen Zuschauern teilen.

Traumberuf: Regisseur? Wie ist die Arbeit an einem Film, stimmt das Klischee von der Aufzehrung bis hin zu permanentem Schlafmangel?

Es gibt solche Phasen der Erschöpfung. Man muss aufpassen dass man sich nicht zu wichtig nimmt.

Deine schönste Erinnerung von den Dreharbeiten? Deine schlimm-
ste Erinnerung von den Dreharbeiten?

Es gibt von beiden Extremen so viele, dass man nicht weiß,
welche man wählen sollte. Das ist aber auch das Schöne am
Filmedrehen (und das Hässliche).

Gehst Du selbst viel ins Kino? Und liest Du viele Bücher?

Ins Kino gehe ich nicht so oft wie ich möchte, leider zur Zeit
höchstens zweimal im Monat. Ein Buch hab ich jeden Tag in
der Hand. Manchmal lese ich zwei Zeilen bevor meine Augen
zufallen, aber es wär kein richtiger Tag, wenn ich die zwei Zeilen nicht lesen würde!

Du drehst vorwiegend bayerische Filme. Wieso? Möchtest Du
auch mehr überregionale Filme drehen? Oder bist Du der Mei-
nung, dass (wie am Beispiel »Wer früher stirbt« zu sehen) auch
ein bayerischer »Heimatfilm« die Herzen der Menschen in ganz
Deutschland erreichen kann?

Hat sich bisher so ergeben. Ich liebe auch den bayerischen Hu-
mor, das bayerische Lebensgefühl und den bayerischen Dia-
lekt. Aber es gibt Geschichten, die ich auch gerne erzählen
würde, die sich besser in der Hochdeutschen Sprache erzählen
lassen.

Möchtest Du mal nach Hollywood?

Nein.